カラダ&顔の悩みを解消する

じゅわ〜っと ゆるめるボディケア

ボディセラピスト 篠崎アミ

KADOKAWA

Prologue

この本を手に取ってくれたあなたへ

はじめまして！　篠崎アミと申します。

今や健康や美容の情報はあふれていますが、本当に「カラダの悩みがなくなった！」といえる人はどれほどいるでしょうか？　むしろ、情報が増えるほど「やるべきこと」に縛られ、ますます悩みが深くなっている人のほうが多いと感じます。ヨガ、ピラティス、筋膜リリース……いろいろ試したのに変わらない！　もう何をしてもムダなのでは？　そんなふうに、ボディケア迷子になっていませんか？

いろんなケア方法を試してみても理想に近づいていないなら、それは今までの方法があなたに合っていなかっただけかもしれません。

この本は、ボディケアのゴールである「もう悩まなくていいカラダ」へと導くために書きました。

「ガチガチのカラダをしなやかに戻すには、何が必要なのか？」

カラダ・心・意識、３つのアプローチから解説しています。

運動が苦手な人でもすぐに実践できる心と意識へのアプローチや、無理なくその場でできるカラダのゆるめ方を紹介しています。今までたくさんの方法を試してきたあなたに、また新しいケアを勧めるのは心苦しいのですが、本書の内容が、あなたの「頑張らなきゃ変われない」という思い込みを手放し、今度こそ本当にラクに整うきっかけになればと願っています。

明日のあなたのカラダが、
今日より少しでも心地よくなりますように――。

私がこのボディケアに辿り着いた経緯をお話しします

※気にならない方はスルーしていただいて構いません！　8ページから本題です。

もともと重度のアトピーだった私は、根本から治したくてあらゆる治療法を試したり、コンプレックスを解消するために過度なダイエットに取り組んでいました。その中で食事制限を徹底しすぎた結果、気づけば体重は37kgに。昔から憧れていた「痩せたカラダ」になったはずなのに、アトピーは悪化するばかりで毎日が苦しく、生きることさえつらくなっていました。

身も心も限界だったとき、「体質改善のために必死で努力してきたけど、今この瞬間に幸せを感じられないなら、何のためにやっているんだろう？」と疑問を感じ、「治らなくても

37kgだったときの私

いいから、今の私が幸せを感じられる生き方をしよう！」と決意。その瞬間、背負っていたプレッシャーから解放され、カラダがふっと軽くなりました。つらいことをもうしなくていいと思うだけで心の奥からゆるみ、安心とともに涙があふれました。すると、不思議なことにアトピーの症状がみるみる改善していったのです。これが、ゆるむことでカラダが変わっていくことに気づいた最初の体験です。

そこからアトピーは改善されていったのですが、我慢をやめた反動で今度は体重が過去最高の70kgに。でも、その頃の私は「何を食べてもいい」という状況がただただ幸せで、今まで制限していた分を取り戻すかのように思いきり食べていました。昔の私なら「太りたくない」と我慢していたはず。でも、このときは「太っても、あの頃よりずっと幸せ！」

70kgだったときの私

と思えていて、「好きにしていいんだよ」と毎日自分に声をかけていました。

カラダも心も元気になった私はスポーツジムで働き、カラダをゆるめることを探求するように。そして、あるとき出合ったのが琉球武術の「御殿手《うどぅんでぃー》」。この技をかけられると、なぜかカラダが安心して力が抜けてしまうのです。目の前に敵がいるのに、戦うのではなく、ゆるめてしまう、それはまさに私がずっと知りたかった「ゆるめることの本質」でした。この出合いに衝撃を受け、そこから私は試行錯誤を重ねながら、カラダをゆるめる方法を模索し続けることになったのです。

毎日、自分の心地よさやカラダをゆるめることを大切にしていたら、あるとき過食がピタッと止まり、空腹の状態でも安心感を感じられるよう

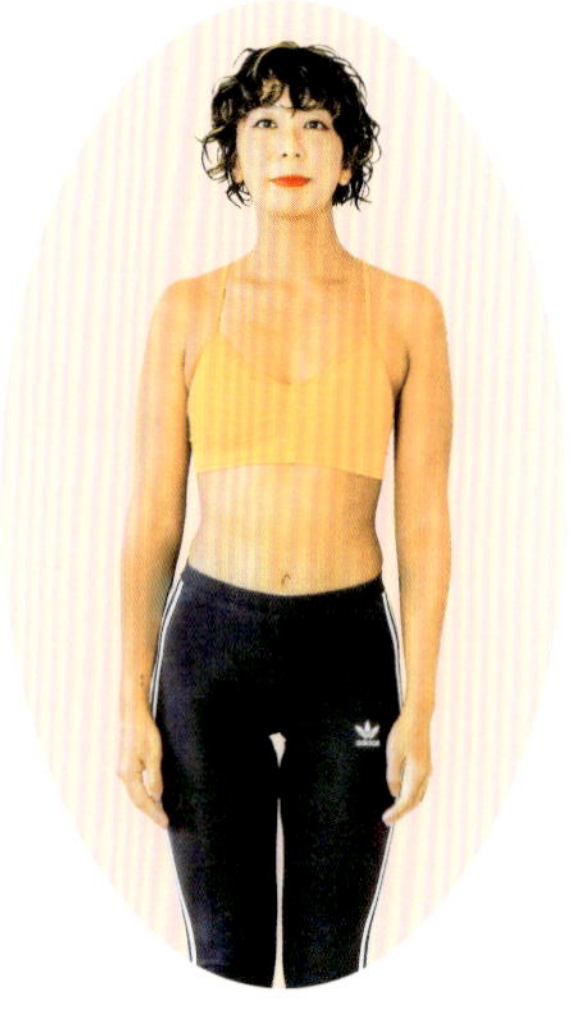

現在の私

に。「好きなときに、好きなものを、好きなだけ食べる」という食事のルールを続けていたのに、自然と食べたいものや量、頻度が変わっていき、結果的に10年で20kg以上も体重が落ちました。無理なく、カラダのしなやかさも増していき、気づけば、いつかなりたいと思っていた理想の状態に近づいていたのです。

この経験を発信していたら、私と同じように「ゆるめることがわからない」「頑張らないとキレイになれない」と悩んでいる人がたくさんいることを知りました。そこで、2023年に美容整体サロンを立ち上げ、カチカチに緊張して生きている人たちに「もっとラクに、もっとゆるんで生きても大丈夫。それでちゃんとカラダはキレイになれるんだよ!」と伝える活動をしています。

ここからは、15年にわたり〝ゆるむ〟ことを研究してきた私が、実際に取り組んできたことを紹介します。これまでの常識とは違うことばかりかもしれませんが、騙されたと思ってぜひ試してみてください! きっとあなたのカラダも心も、今よりもっと軽く、自由になれるはずです。

一緒に楽しく、〝ゆるみライフ〟を始めましょう♡

ゆるめるボディケアの必要度Check!

心やカラダの不調は「過緊張」になっているせいかも。
下の項目から自分の心身の状態をチェックしてみましょう。

- □ ボディケアがなかなか続かない
- □ 緊張しやすい
- □ 型が決まっているのが苦手
- □ ストレッチでカラダが柔らかくなったことがない
- □ 基本的に面倒くさがり
- □ 悪い姿勢が治らない
- □ 完璧主義になりすぎてしまう
- □ 言いたいことや感情を抑え込んでしまう
- □ 1人でプレッシャーを抱えてしまう

1つでも当てはまる人はゆるめるボディケアが
必要＆向いている人です！

必要なのは「ゆるめる」ことだけ！

ストレッチや筋トレ、マッサージなど、世の中にあるボディケアのほとんどが、体調の良い人なら簡単にできるものなんです。そもそも、これができる人は、ジムに通うハードルも高くないし、ボディケアもダイエットもやる気があれば続けられる人。でも、右の項目に当てはまる運動やボディケアに苦手意識をもっている人から見ると、それってとてつもなくすごいことに感じてしまいますよね？　でも大丈夫。苦手な人たちには、別のスタート地点があります！　三日坊主でも結果が出せなくても、自分を責めないでくださいね。あなたの頑張りが足りないわけではまったくありませんから！　今のあなたに必要なのは、鍛えることではなく、〝ゆるめる〟こと。とことんラクに心地よくなることから始めれば、理想のカラダがちゃーんと手に入ります♡

自分の現在地をまずは知っておこう！

**痛みやコリなど不調がある人の現在地は「マイナス地点」。
いきなりプラス地点を狙うのではなく、まずは不調のない「0地点」が目標です！**

0地点

何の不調もない、ゆるんでいる状態

無理な食事制限やハードなトレーニングなど、「無理をすること」に舵を切るのをやめ、「ラクなこと」を選択していくと、心もカラダもゆるんでいくのを感じられるはずです。この「0地点」に戻れただけでも、カラダはずいぶんとラクになり、キレイになっています！

マイナス地点

カラダに痛みやコリ、むくみがある状態

心身の不調は頑張りすぎが招いた結果。なので焦りは禁物です。全身がカチコチの状態でいきなり激しい運動をしてもかえってカラダや心に負担をかけるだけ。いきなりエベレストを登ろうとせず、まずは平坦な道をラクに歩ける「0地点」のカラダづくりを目指しましょう。

まず
目指すのは
0地点

プラス地点

調子が良く、
活力がみなぎっている状態

アクティブに動き回れて、ハードなトレーニングも楽しめるような、心身ともに健やかでエネルギーに満ちあふれている状態。もっと引き締まったボディラインが欲しい、もっと痩せたいなどの＋αの願いはここからが叶えどき！　活力のある人は次ステージへ。

0地点を目指して一緒にゆるんでいきましょう！

Contents

Lesson 3

ゆるむことで起こるカラダの変化

Contents

Lesson 4

症状・悩み別ズボラ女子でもできるカラダのゆるめ方

Lesson 5

カラダがゆるむと起こる心の動き

Contents

Lesson 6
どうしてもゆるめられない人はボールでケア

ズボラな私でもこんなに変われた！

ゆるめるボディケア体験記

Staff
装丁　タキ加奈子（soda design）
本文デザイン　羽鳥光穂
撮影　青柳理都子（人物）、後藤利江（静物）
撮影アシスタント　松岡由希子
イラスト　オガワユミエ
校正　麦秋アートセンター
DTP　キャップス
取材協力　サカイナオミ
編集　長田和歌子

Lesson 1

今すぐやめて！
正しいと
思い込んでいる姿勢

今までの正しい姿勢はじつは間違っていた⁉

〝正しい姿勢〟と聞いて、どんな状態を想像しますか？「背中がピンと伸びている」「肩甲骨が閉じている」「胸が開いている」「腰が反っていない」、これらの姿勢を思い浮かべる人が多いかもしれません。でも、この良いと思い込んでいる姿勢をとるとカラダがつらかったり、痛いと感じる人にとってはじつは正しいとは言えないんです。

なぜなら痛みが出るのは、固まっているところが無理に引っ張られてカラダが緊張状態になっているから。それを頑張って続けていても、良い姿勢になるどころか余計に負担がかかりさらに歪んでいってしまいます。姿勢を改善したいなら、緊張をゆるめることから始めましょう！

この姿勢、正しいと思っていない？

一般的に言われている“良い姿勢”。ラクにキープできないのなら全部やめてOK！　カラダに無理をさせ続ける限り、姿勢も不調も改善できません。

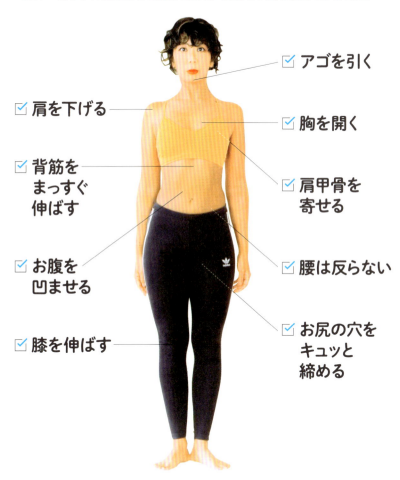

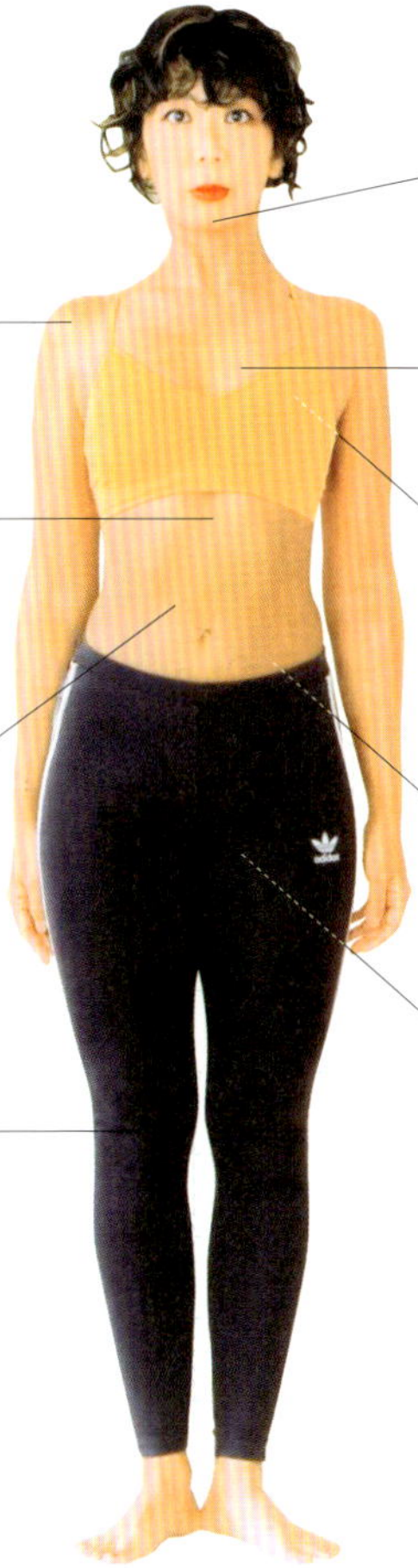

じつは「マイナス地点」の人にとってはNGな姿勢なんです！

次ページより解説

つらいと感じる姿勢はやめちゃおう！

「姿勢を良くしなきゃ」と思って、背筋を伸ばしたり肩を引いているのになぜか疲れてしまったり、逆に痛みを感じることってありませんか？　本来、良い姿勢というのは頑張らなくても自然に心地よくキープできるもの。もし「つらい」「疲れる」と感じるならそれはカラダが無理しているサインなのです。

例えば、猫背の人が姿勢を正そうと胸を張ると肩や首に余計な力が入ってしまったり、反り腰の人が腰を反っちゃダメだと思って腰を丸めると、その力で股関節が詰まってしまうことがあります。

筋肉が固まっている状態で無理に姿勢を良くすると余計に緊張を強めてしまうので、まずはその力みを手放す意識をしてみてください。

実際にどうすればいいのかというと、まずは**つらいと感じている姿勢を思い切ってやめること**。いつもアゴを引いていないと！　と頑張っているなら、それをやめちゃう。猫背がバレないように背筋を伸ばし続けているなら、バレてもいいや！　と力を抜いちゃう。

そして、心地よく感じる姿勢を探すのです。**良い姿勢とは、正しい形に当てはめずに快適な状態で居続けることで手に入ります**。力を抜き、ラクにしていたら筋肉はゆるみ、関節が動きやすくなります。そうすると代謝が上がり、リンパや血液の流れがスムーズになり、自然に美しい姿勢になります。

次のページから、カラダがガチガチの人ほど逆効果の姿勢を解説していきます。

アゴを引く

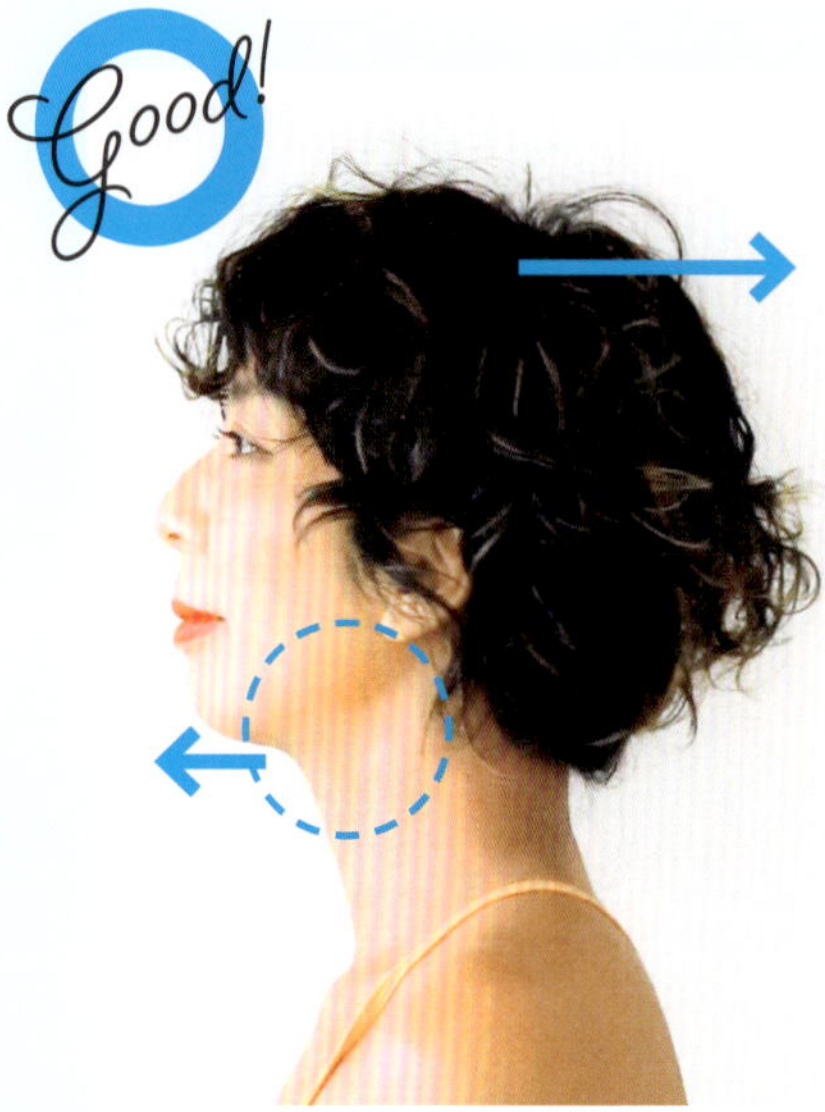

ふわっとゆるんで
どこも緊張していない状態

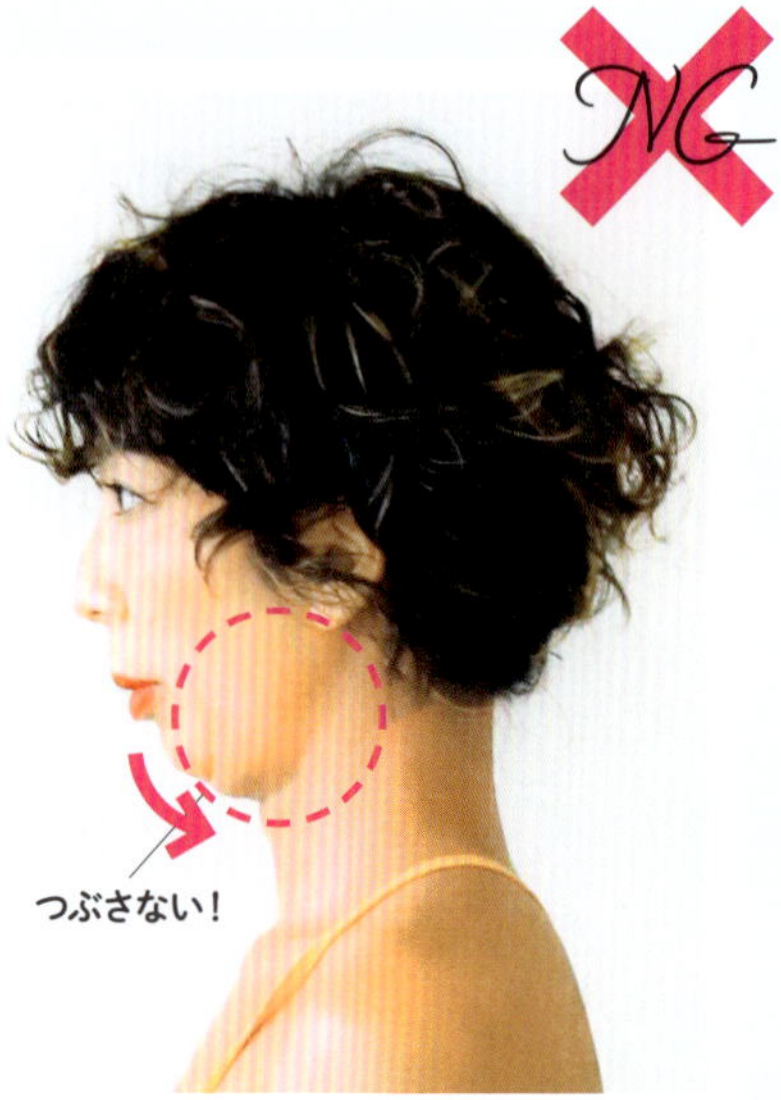

二重アゴやたるみ、
後頭部が絶壁にも見える！

顔面や首に力が入り、コリやたるみの原因に

輪郭をスッキリ見せようとアゴを引くのは逆効果。アゴを引いた状態がクセになると、首の前側の筋肉が硬く強張り、頬や口周りなどの筋肉が下に引っ張られるため、たるみや二重アゴの原因に。また首の後ろが引っ張られて過緊張状態になり、凝りやすくなります。アゴは引かずに前にふわっと出すように心がけるだけで、首の前側の筋肉がゆるみ、リンパが流れ出します。コリがラクになり、たるみも改善！

肩を下げる

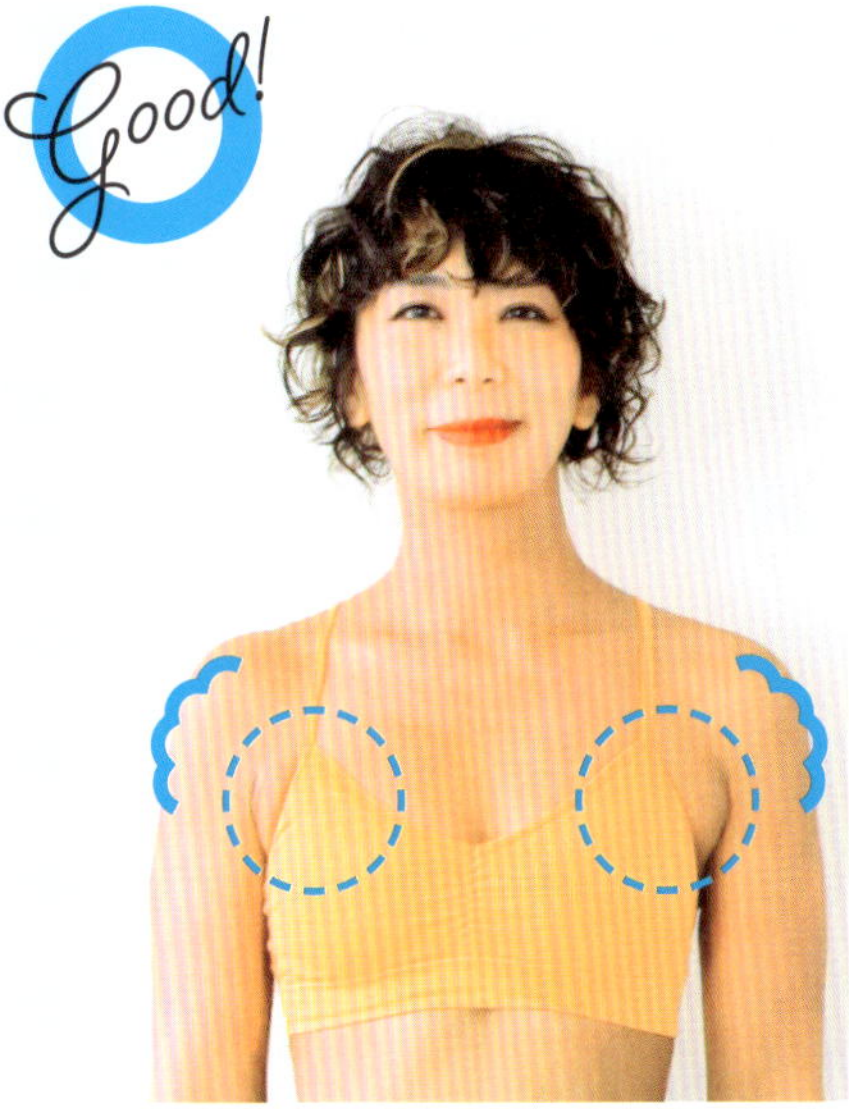

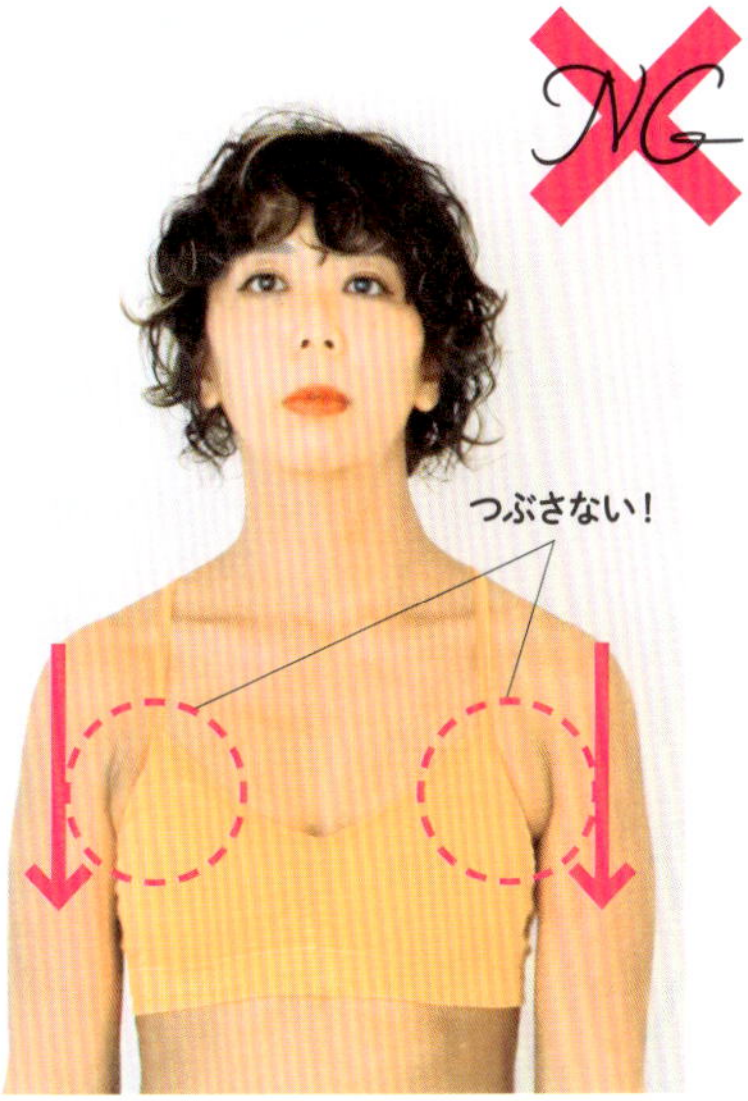

無理に引っ張らず、自然な状態だと
フェイスラインも口角も UP！

フェイスラインがぼやけ、
肩コリ、むくみも悪化

フェイスラインや口角が下がって老け見えに

華奢でほっそりとした肩に憧れて、肩を下げるクセがついている人は要注意！肩を無理に下げると、カラダ全体の流れを司る脇のリンパがギュッと固まってしまい、全身のリンパの流れが悪化してしまいます。そうなると、肩がスッキリするどころか、慢性的な肩コリやむくみが起こりやすくなります。肩の盛り上がりが気になるなら、下げる意識をやめて、肩は自然な場所においておきましょう。

胸を開く

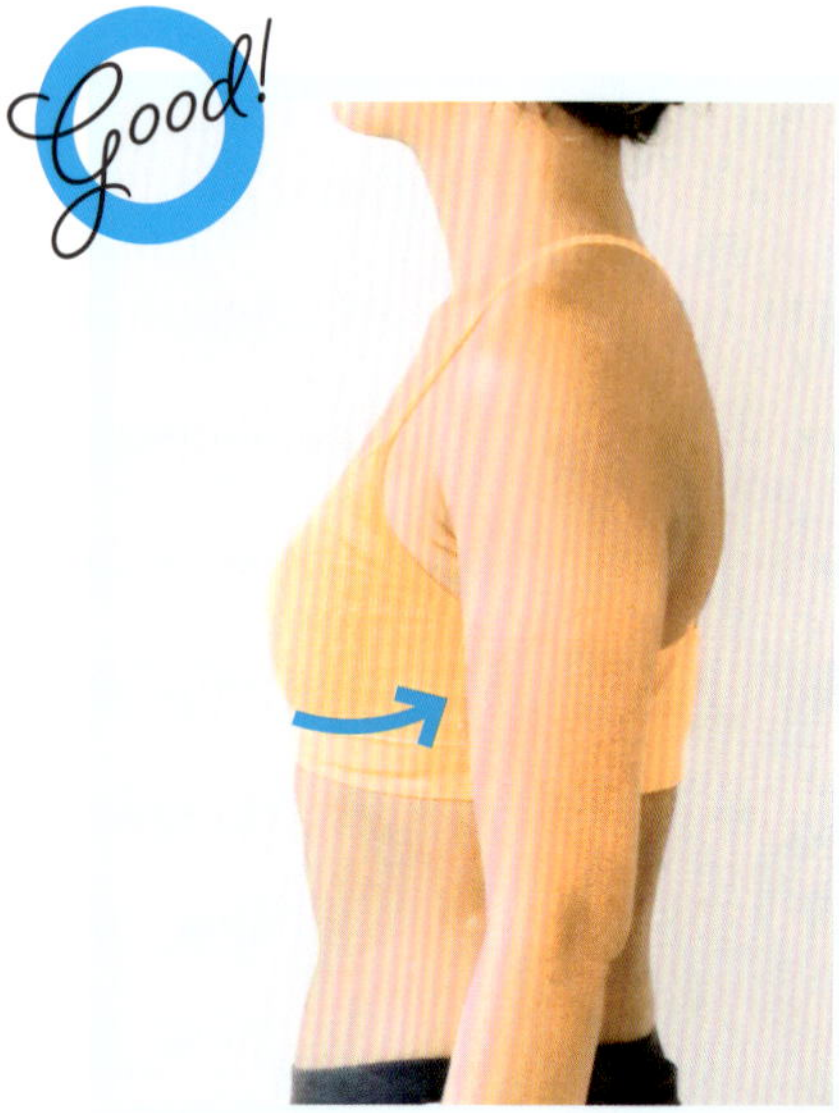

胸を縮めてゆるめると
肩が自然に開き背中もスッキリ

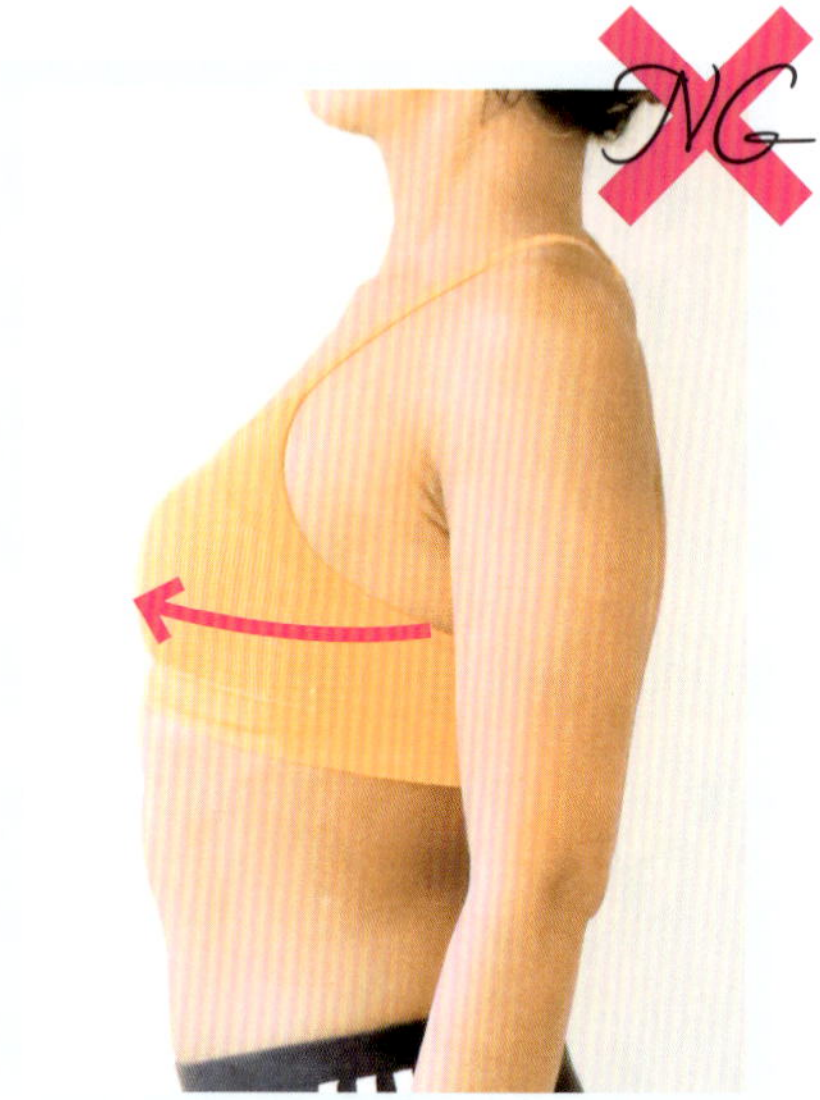

胸を突き出すことで
バストのお肉が背中に逃げる

バストのお肉が流れて猫背も治らない

背中が丸くなるのは、大胸筋がギュッと縮んで肩や背中が前に引っ張られているから。その状態のまま胸を開いて力ずくで引っ張り返そうとしてもカチコチに硬くなって逆効果です。また、胸を張るとバストが前に突き出され、横に間延びして背中に脂肪として移動してしまうことも……。胸は前に出すのではなく、奥に引きます。そうすると胸の奥の筋肉がゆるんでバストがどんどんふわふわに！

背筋を伸ばす

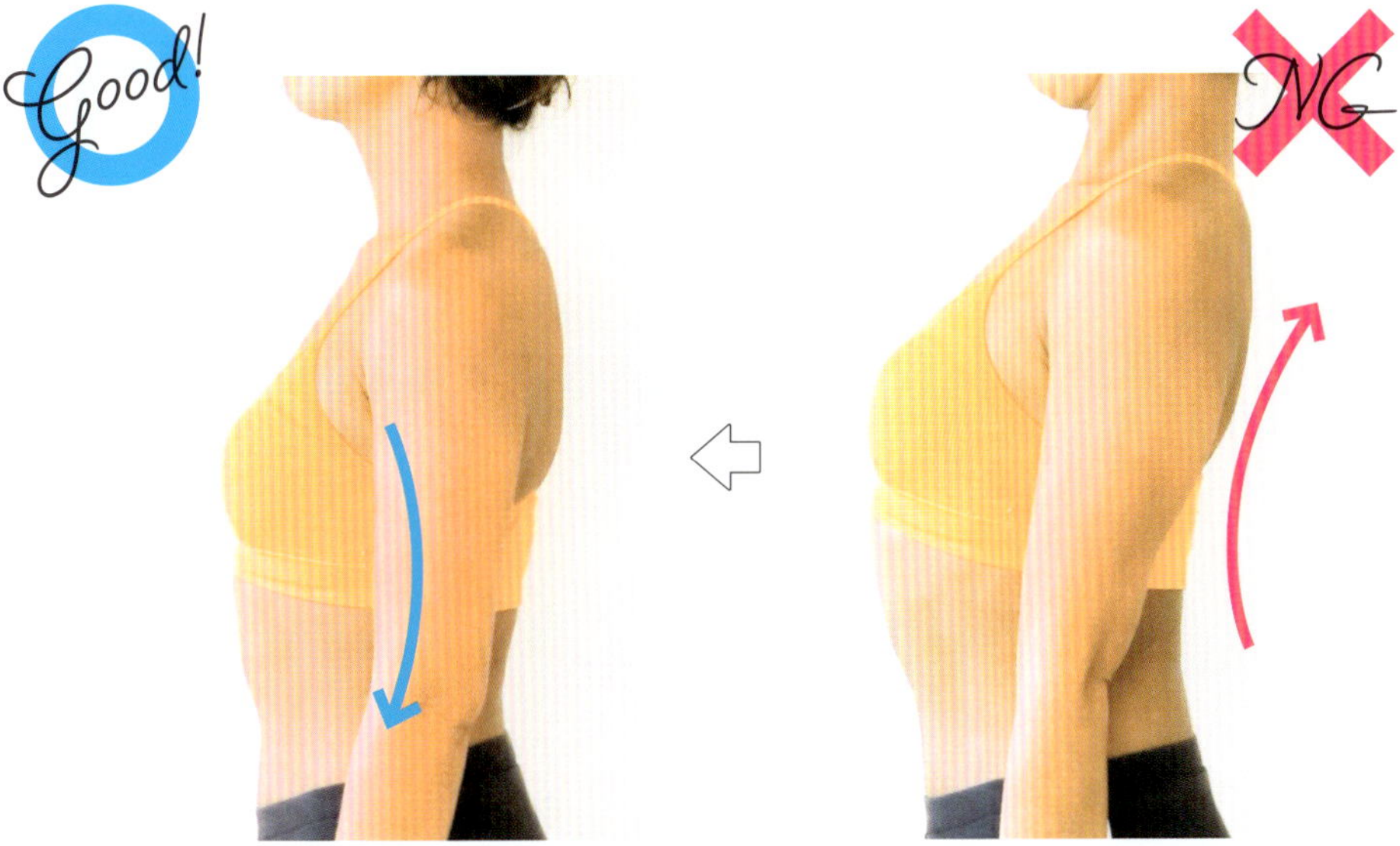

背骨の「内側」を軸にすると
まっすぐ立てて呼吸がラクに

背骨の「外側」を軸にすると
肋骨が開きぽっこりお腹に

骨や内臓の位置がずれ全身がアンバランスに

背中はピンと伸ばすほど良いと思っていませんか？　筋肉が硬い状態で伸ばすと、全身が無理矢理引っ張られ、腰痛になったりお腹がぽっこり出たり、肋骨が開いたりして全身がアンバランスに。無理に伸ばさず、立っているときも座っているときも、背骨の外側ではなく、「内側」に意識を向けてみて。お腹側でカラダを支えるように意識すると、無駄な力も入らなくなります。全身のバランスも整いやすく呼吸がラクになりますよ。

肩甲骨を閉じる

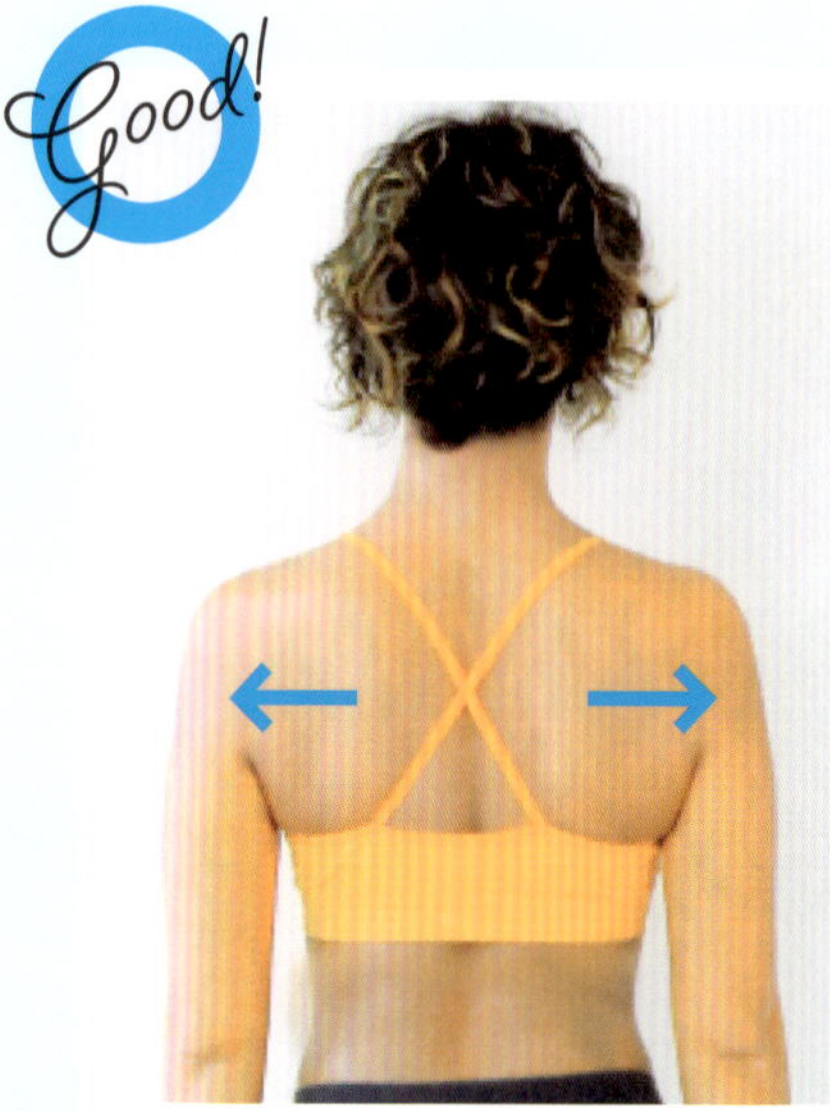

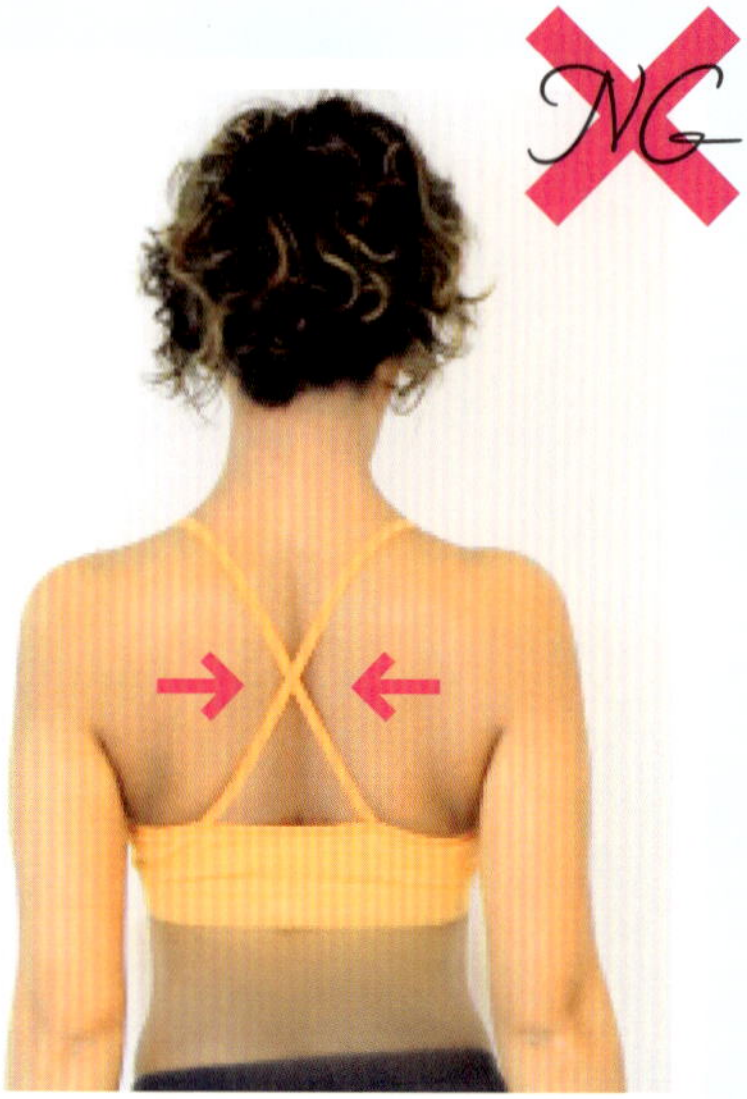

寄せずに開くとゆるみ、
背中や肩甲骨、腕が軽くなる

無理に寄せると過緊張状態になり
余計に肩甲骨が開きやすくなる

呼吸が浅くなって肩や背中のコリが悪化

肩甲骨が開いてしまう、意識しないと背中が丸くなってしまうと悩んでいる人は多いですよね。肩甲骨が開いてしまうのは、ガチガチに凝り固まった胸の筋肉によって肩が前に引っ張られてしまうから。その状態で肩甲骨を寄せても、胸と引っ張り合いになり、過緊張状態に。肩甲骨は、真横に開いていくことを意識。ギュッと縮こまった背中や肩甲骨、腕がラクになり、たぷんたぷんの脇肉もスッキリ！

お腹を凹ませる

カチコチの腹筋をゆるめると
余分な水分や空気が抜けてスッキリ

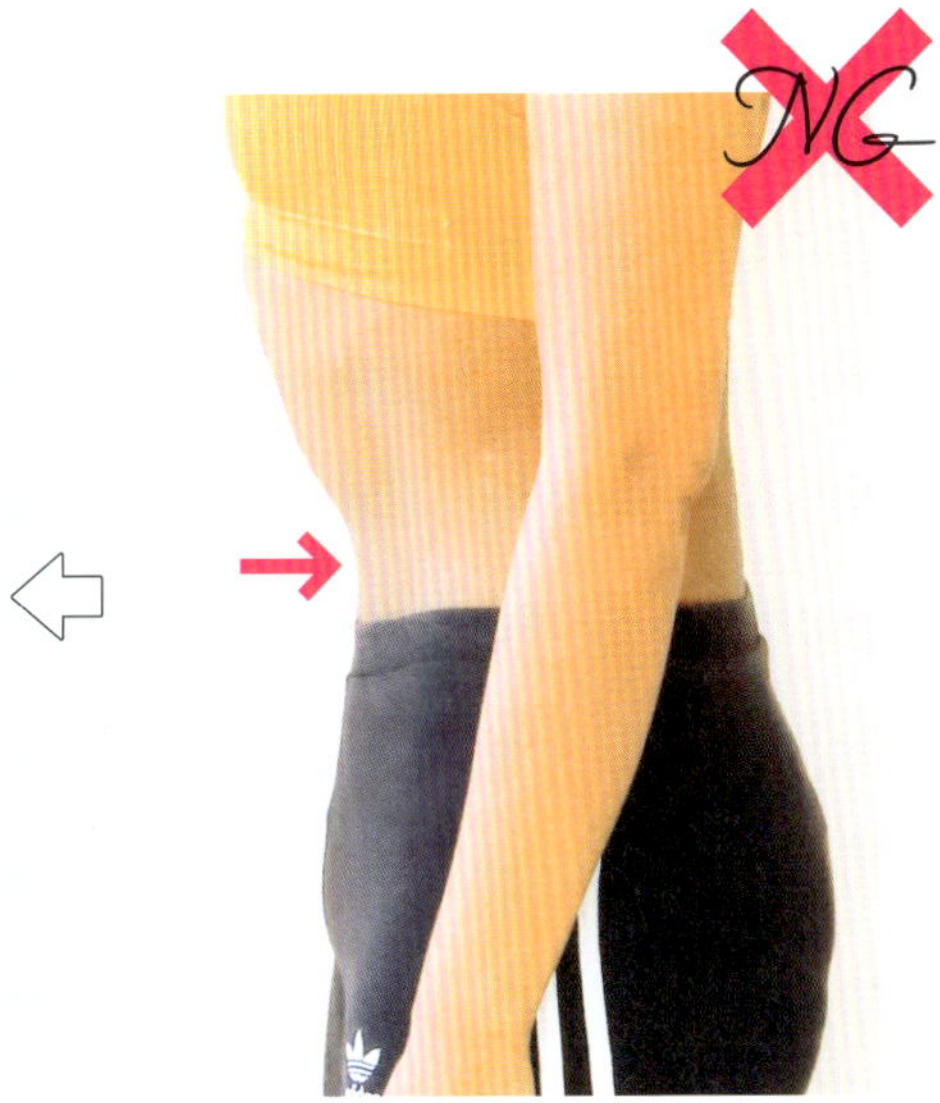

余計な腹圧がかかり
便秘やお腹がむくむ原因に

便秘やリンパの詰まりで逆にむくむ！

ぽっこりお腹をごまかそうと、お腹を一時的に凹ませるのはＮＧ！　そもそもお腹はたくさんの臓器が詰まった大事な部位なので、過度な腹筋や無理に凹ませて余計な腹圧をかけると、便秘やお腹周りのリンパが詰まってむくむといった、スッキリとは逆の方向に。ぽっこりお腹は凹ませるのではなく、力を入れないこと。お腹に溜まったいらない水分や空気が出ていってスッキリしますよ。

腰を固める

骨盤を固めず動きを良くすることで
腰痛や婦人科系の不調が軽く

骨盤を固めると前ももが太くなり
婦人科系の不調や腰痛の原因に

腰を固定すると腰痛の原因に

反り腰を直そうと、無理に骨盤を後傾させガチッと固めていませんか？　腰をゆるめないで骨盤を後傾させると、前ももが太くなる原因に。また、下腹部や股関節、腰周りの臓器が圧迫され、生理痛や腰痛、むくみにつながりやすくなります。カラダは機械ではなく生き物。細胞が自由に振動できるように、骨盤の底はワイングラスのように丸いとイメージして常にゆるめておくように意識しましょう。

膝を伸ばす

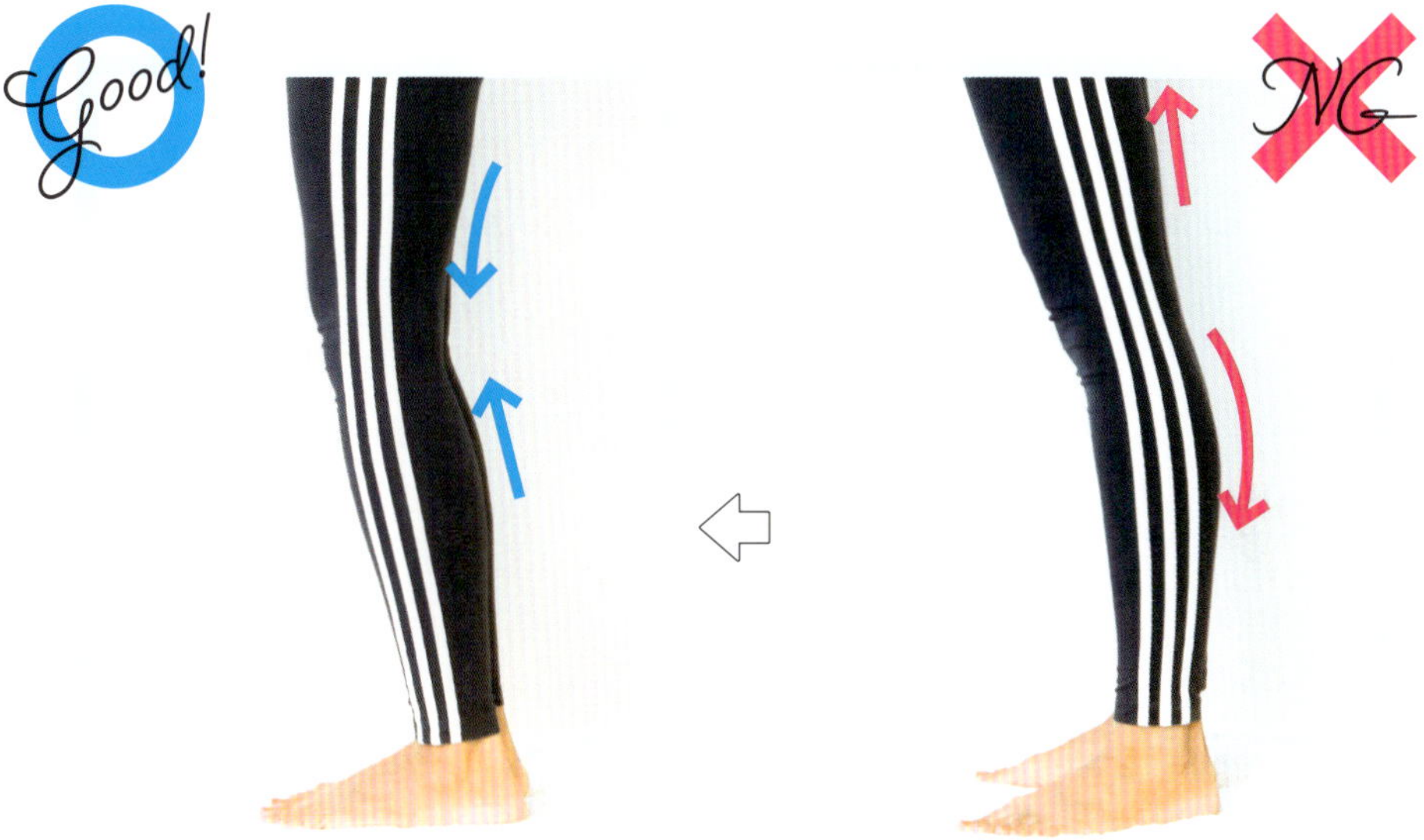

膝裏をゆるめて柔らかに整えると
リンパが巡りむくみにくくなる

膝裏をピンと張るとリンパが滞り
足がむくみやすくなる

膝の痛みが悪化してむくみがちに

膝裏を張り続けると、本来のクッションとしての役割を果たせず、カラダの重さを逃すことができなくなって痛みの要因に。また、伸ばして突っ張り続けることで膝の奥にあるリンパ節が圧迫され、脚のむくみも起こりやすくなります。膝は伸ばした状態で固めず自由に動くことが大事。膝裏を突っ張らずにゆるめることでリンパが巡り、膝周りの筋肉が柔らかくなり、足がスッキリ軽くなります。

お尻を締める

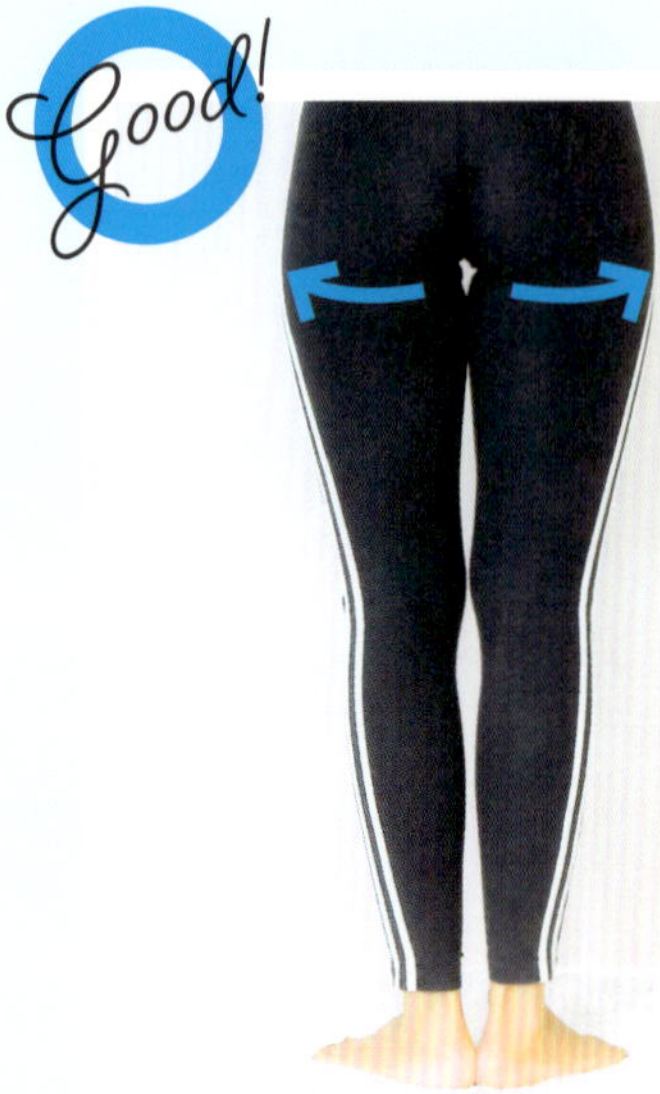

穴を締めずにゆるめるとお尻の筋肉の緊張が解けて引き上がる

穴をギュッと締め続けるとお尻の筋肉が凝り固まって垂れる

骨盤が開きがちになりお尻が垂れていく！

お尻が垂れないようにと、お尻の穴をキュッと締めていませんか？　お尻が垂れるのは、お尻の筋肉が凝り固まっているから。その状態で無理にお尻の穴を締めると、お尻に引っ張られて骨盤が開いてガニ股に。そのうえ、お尻がさらに下がって脚も太くなってしまいます。だからお尻の穴は開放！　お尻の外側の筋肉の緊張がほぐれてお尻の中の筋肉が自然と使えるようになり、ふわふわに引き上がったお尻を目指せます。

良い姿勢とは、あなたが心地よいと思う姿勢

良い姿勢をやめちゃおう！ と言われても、今まで頑張ってきた姿勢がクセづいていると、すぐにやめるのは難しいかもしれません。「姿勢が悪いと見た目が悪くなる」「良い姿勢を意識しないとダメな私になる」などの思いが強い真面目な方ほど、頑張ることをやめるのにすごく抵抗感が出やすくなります。

そんなときは「本当にこの姿勢、心地よい？」って、自分に問いかけながら少しずつやめていくのがおすすめ。良い姿勢とはあなたが心地よいと感じる姿勢です。どんなにキレイな姿勢でも、リラックスしている姿勢でも、固定してしまうとカラダに負担がかかります。正しいと言われることより、あなたの心地よさを大事にしてください。**カラダがゆるんでいくと、NGの姿勢をしても体内循環は滞らないので心地よいと感じる場合はやってもOKです！**

カラダの緊張は防衛本能

カラダの力を抜いてゆるめるって、簡単そうに思えても、意外とうまくいかない方が少なくありません。なぜなら「力を入れちゃダメだ！」と思うほど、どんどんゆるみから離れてしまうからです。

そんなときはまず、なぜカラダが力んで緊張しているのか知りましょう！**緊張って、カラダがあなたを守ろうとしてるサイン**なんです。

例えば、寒いときに「ぎゅっ」と縮こまるのは、体温を逃さないためだし、不安や怖さを感じたときに肩が上がるのは無意識に身を守ろうとする反応。これはカラダが「今、何かを守る必要がある」と判断したときに起こる自然な働きなのです。だから、緊張をなくそうとする前に「今、私のカラダは何を守ろうとしているんだろう？」って緊張の理由を感じてみることが大事。

肩に力が入りすぎているのは「ちゃんとやらなきゃ」「期待に応えなきゃ」という思いからかもしれない。お腹がぎゅっと硬くなるのは、「不安を感じたくない」「失敗したくない」という気持ちの表れかもしれません。

まずは、その緊張を否定しないで、「そっか。私は今こう感じているんだね」と認めてあげることから始めてみてください。

緊張は戦う相手じゃなくて、あなたを守ってくれる存在。「また緊張してる！」と力まずに、守ってくれてありがとうという気持ちでいるだけで、ふわっとカラダはゆるんでいきます。

緊張の鎧を脱ぐには「厳しさ」より「安心感」

イソップ寓話の『北風と太陽』を知っていますか？　旅人のコートを脱がせようと、北風は強い風をピューピュー吹かせたけれど、旅人は寒さから身を守ろうとして、コートの前をぎゅっと閉じてしまった。でも、太陽がポカポカと暖かい光を照らしたら、旅人は自然とコートを脱いだ……という話です。

この話、カラダの緊張とすごく似てるんです。「緊張をなくさなきゃ！」って無理にストレッチしたり、グリグリ押したり、「力を抜かなきゃ」と力むことは北風がやったことと同じ。カラダは「もっと守らなきゃ」って思って、さらにガチガチになってしまいます。

でも、**ふわっと安心できる場所や自分を許せる瞬間があると、カラダは「無理に守ろうとしなくていいんだ」と感じて自然とゆるみ始めます。**

太陽の暖かさが旅人のコートを脱がせたように、安心感がカラダの緊張の鎧を解いてくれるのです。

だから、カラダがゆるまないと悩んでいる人は無理に緊張をなくそうとしなくていいんです。「今のままで大丈夫だよ」と太陽のように優しくしてあげること。安心を感じられるボディケアのやり方を選択してみましょう。

優しくしていてもカラダは変わらない気がする……と思うかもしれませんが、大丈夫。ゆるむことであなたのカラダはちゃんと整っていきます。

力を抜くことが内側から美しさを創る

キレイになりたいのに、力を抜いたら体型が崩れてしまうのでは？　と不安を感じるかもしれませんが、じつは力が抜ける姿勢をとることで、カラダの中では大きな変化が起こるんです。

まず、深い呼吸ができるようになります。無理に背筋を伸ばそうとすると、お腹や胸が緊張してしまい、呼吸が浅くなりがち。

でも、余分な力を抜いてリラックスすると、横隔膜の動きがスムーズになり、自然と深い呼吸ができるようになります。すると、自律神経が整い、気持ちが落ち着いたり、リラックスしやすくなるのです。

また、血液やリンパの流れも良くなります。ピシッと固める姿勢は、一見美しく見えても、筋肉を緊張させ循環を滞らせ、冷えやむくみ、太りやすさにつながることも。

でも、**心地よい姿勢でカラダがゆるんでいくと、血流がスムーズになり、代謝が上がり、むくみが取りやすくなったり痩せやすいカラダへと変わっていく**のです。さらに、内臓にもいい影響が……！

カラダにとって無理な姿勢を続けると内臓が圧迫され、便秘の原因になりやすいです。ですが、心地よい姿勢でいると、圧が取れて内臓が本来の位置に戻り、ぽっこりお腹が解消されやすくなります。このように心地よく在ることが、内側から作用し、見た目をも美しくするのです。

ズボラな私でもこんなに変われた！

ゆるめるボディケア体験記 vol.1

A・Hさん（仮名）の場合 | 主婦・セラピスト | 40代

自分の「好き」や「幸せ」に正直に。心や生き方も変わりました

Q. 今までのカラダのお悩みを教えてください。

A. 肩コリ。片頭痛。腰痛。足首の硬さ。数か月に数回ある心臓あたりの謎の痛み。左足の付け根の痛み。顎関節症。不眠・不安症。冷え性。

Q. 悩み改善のために、どんなことにトライしましたか？

A. 足ツボや経絡マッサージ、ヨガ、フォームローラー、ストレッチ、ピラティス、整体、鍼、プランクチャレンジなどなど……。

Q. ゆるめるボディケアを行って、どのくらいで変化が体感できましたか？

A. ゆるめるケアと出合って約3年。本当に別人になったかのように生きやすくなりました。筋肉の緊張がゆるむだけでなく、だんだん心や生き方までも軽くラクになっていくのがすごいところ。「好き」や「幸せ」を優先できるようになり、毎日がとってもハッピーです。

Before

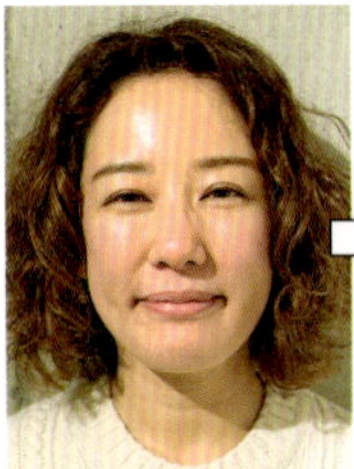

目が腫れぼったく顔がむくみがち

After

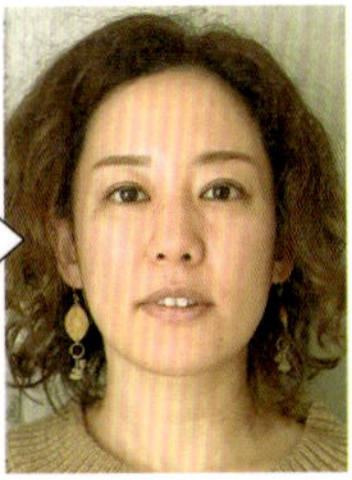

顔がスッキリし、気持ちも明るく！

Lesson 2

骨を意識すると
カラダは変わる

西洋の筋肉文化と日本の骨文化

筋トレやストレッチを頑張っているのに、効果が出ないどころか肩コリや腰痛が悪化したという経験はありませんか？　それは、多くのボディケアが西洋発祥で、あなたのカラダには合っていないからかもしれません。

西洋人は筋肉量が多く、骨格がしっかりしているため、筋肉を鍛えてカラダを支えるスタイルが適しています。そのため、西洋のボディケアは筋肉にフォーカスしたものが多いのが特徴です。

しかし、日本人の骨格は繊細で、筋肉よりも骨の位置や重心のバランスでカラダを支えています。そのため、西洋のボディケアをそのまま取り入れると、かえってカラダが緊張し、負担が増してしまうことがあります。

また、日本人はもともと床に座る文化の中で、重心移動をスムーズに行うカラダの使い方をしてきました。その動きをするためには、筋肉を鍛えることより、力を抜くことのほうがラクに動けます。実際に伝統的な日本の武道や茶道、能、禅の動きでは、余計な力を抜くことが重要視されています。このように西洋と日本では得意なカラダの使い方が異なっています。

大切なのは、自分のカラダに合ったケアを選ぶこと。西洋の方法が悪いわけではなく、日本人のカラダの特性を理解したうえで、「鍛えるよりゆるめる」「頑張るより流れを整える」という意識を持つことが重要なのです。

もし「頑張っているのに変わらない」「疲れる」と感じるなら、一度「力を抜く」ボディケアを試してみると、自然に美しく動けるカラダへと変わっていくかもしれません。

筋肉より骨を意識するとカラダがラクになる理由

姿勢を意識したり運動をするとき、多くの人が無意識に筋肉を使おうとしますが、じつは筋肉ではなく骨を意識したほうが、カラダは軽くラクに動くんです。

足の筋肉で立とうとすると緊張しやすいですが、「足の骨で立つ」と意識するだけでラクに立てませんか？

それは、**骨格そのものがすでにカラダを支えるための構造になっていて、筋肉はその補助的な存在**だからです。テントを自立させるときに、柱ではなくロープに頼りすぎると負担がかかるように、カラダは筋肉に頼りすぎると疲れやすくなります。

筋肉は力を入れるほど硬くなり、関節が動きにくくなりますが、骨はもともとカラダを支えるために作られているので、力を入れなくてもちゃんと支えてくれるのです。

そのため、骨を意識するだけで余計な力が抜け、結果としてカラダが軽くなります。

さらに、関節は滑液という水分があるため、わずかに浮いている状態です。この「浮く感覚」を意識すると全身の緊張が抜けていきます。これは「湯船に浸かったとき、カラダがふわっと軽くなる」のと同じような感覚です。

もし「カラダが重い」「疲れやすい」と感じるなら、筋肉を使うのではなく、「骨で支える」意識をしてみると、カラダはゆるんでラクになります！

ゆるめるときは背骨の「内側」を意識する

骨を意識する中でもいちばん重要なのが、背骨の内側を意識することです。背骨はカラダの中心軸であり、全身を支える柱の役割を担っています。正しく背骨を意識していれば、骨格全体のバランスが取れ、ムダな力を使わずに自然に立つことができます。**背骨の「内側」、つまり背骨の中心に意識を向けると、自然とムダな力が抜けて、カラダの重心がスッと整います。**

「背中ではなくお腹側に軸がある」という感覚をつかむと、筋肉で姿勢を作ろうとするのではなく、骨の位置を感じることができ、無理なく美しい姿勢につながるのです。しかし、背中側を意識していると、無意識に筋肉を緊張させてしまい、肩や腰に負担をかけやすくなります。この意識をしているときは胸を張りすぎたり、背中を丸めすぎたりして、本来の骨格のバランスを崩し、余計に疲れやすくなってしまいます。

だから、骨で立つときは「背骨の外側をピンと伸ばす」のではなく、「背骨の内側に意識を置き、軸を感じる」ことが大切。そうすると、ふわっと軽く、心地よい姿勢になるはずです。

カラダがゆるむ重心の取り方

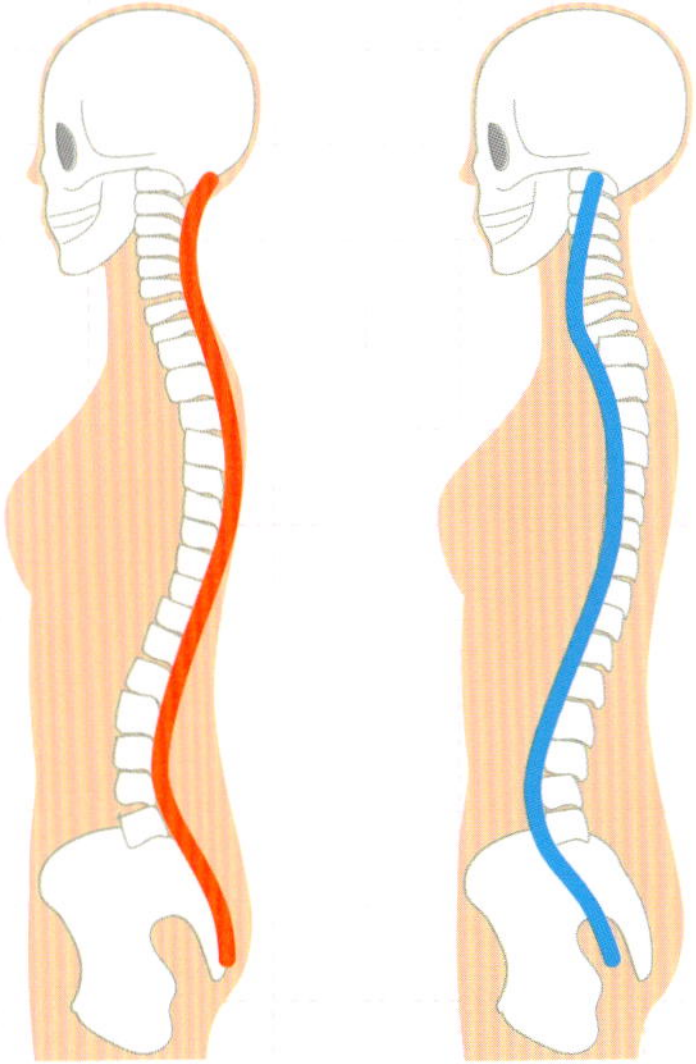

背骨の後ろ側に軸をもってきてしまうと、重心をとるためにどうしても反り腰になったり、背中に負荷がかかってしまいます。軸を背骨の前側にもってこれると、カラダの前後のバランスがとりやすくなります。

骨を意識する実践法

骨は筋肉みたいに自分で動いたり、内臓みたいに自発的に働いたりしません。でもそこにあるだけですべてを支え、守り、動きを生み出しています。だからこそ、骨の存在を忘れてしまうと姿勢が崩れ、ムダな力みが生まれ、カラダがガチガチになってしまいます。ここから、カラダをゆるめるための、簡単な意識の使い方をお伝えします！

①骨に触れて、存在を感じる

鎖骨・背骨・骨盤・足裏の骨を手で触れてみる。「ここに骨があるんだな」と感じながら、ゆっくり呼吸する。

ポイント

触れるだけで、脳が「ここを意識しよう」とスイッチを入れます。手が届かないところは、骨の形を思い描くだけでもOK！

②骨を重力に預ける

床に仰向けになり、骨が沈む感覚を味わう。「骨が地面に支えられている」と思うだけで、筋肉の余計な力が抜ける。

ポイント 特に「仙骨・後頭部・かかと」を意識すると深くゆるみます。

③「骨で動く」感覚を磨く

歩くとき、「足の骨で踏みしめる」意識をしてみる。首を動かすときは「首の骨が回る」とイメージする。

ポイント 骨を感じると動きがシンプルになり、無駄な力が抜けます。筋肉で「頑張って動かす」のではなく骸骨になったつもりでラクに動かします。

難しいことは何もいりません。まずは「骨を意識する」だけでOK！

それだけで、すでに整い始めています！　次に、日常動作でできる意識の仕方について解説します。

ゆるむ「立ち方」

まずは自然に立ってみましょう。このとき、背筋や膝裏をピンと伸ばしたり、足に力を入れて踏ん張っていませんか？　どれかに当てはまったら、余計な力が入っている証拠。腰痛や足の太さなどにつながってしまうので、骨を意識して姿勢をとってみてください。まずは、背骨の内側を意識して立ちます。胸は反らさず、少し丸く。そうするだけで、反りすぎた背中や腰がやや前傾して、呼吸が深くなります。お尻の穴は、キュッと締めずに解放して、丸みをつぶさないように。そして最後に、「耳より上が頭」だと思って、その頭を背骨の上に置き、目線を上げます。腰は、反っていても大丈夫。膝は軽く曲げて、立ってみてください。**腰の位置が背骨から足にまっすぐに乗り、ムダな力が抜けます。**

カラダがゆるむ 立ち方

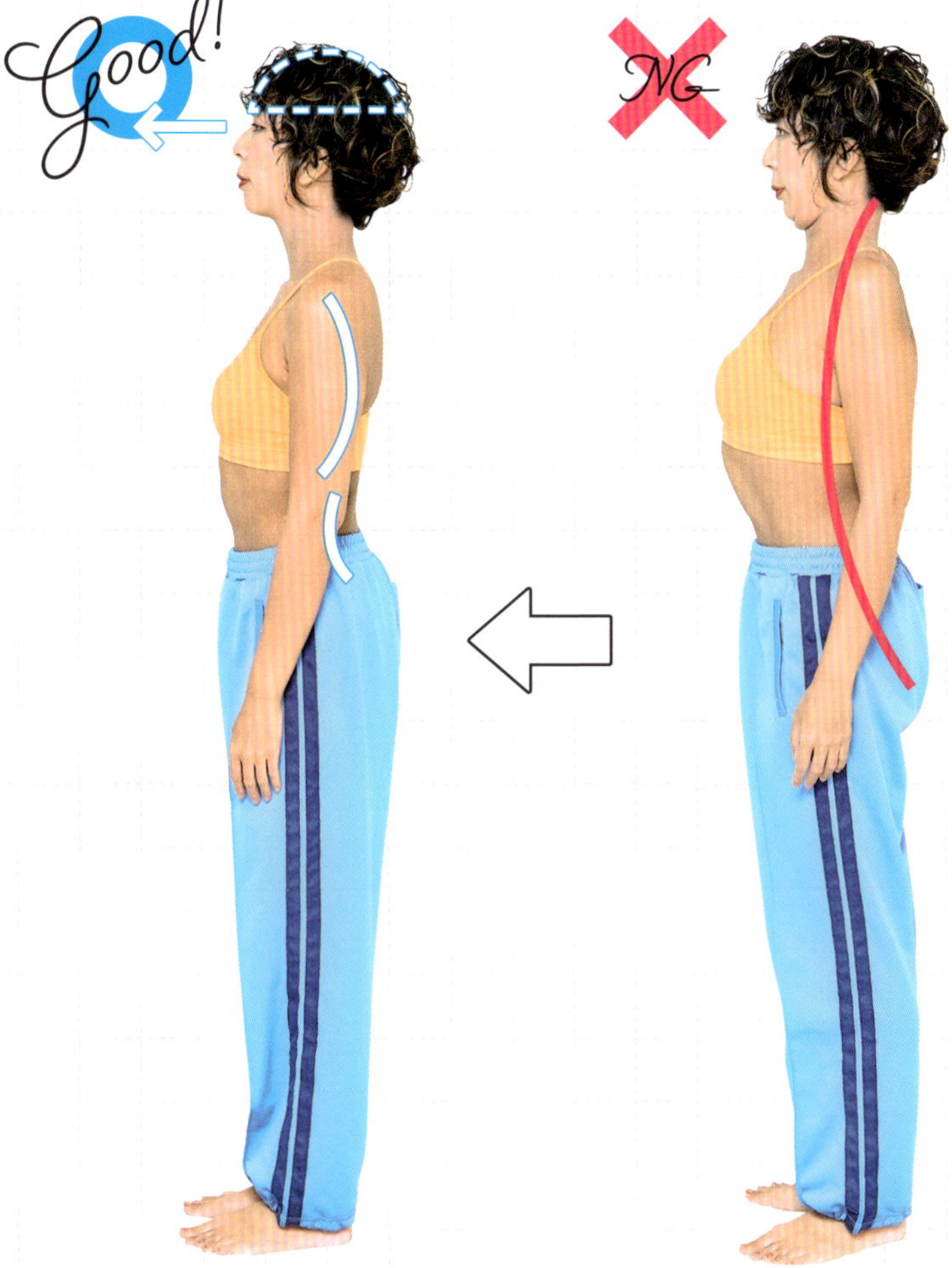

背骨の「内側」を軸にし、
背中や腰の反りが改善。
頭から足が1本の軸となり、
余計な力がかからない。

胸を張ることで肋骨が開く。
背筋や膝裏はピンと伸び、
全身に力が入って、
踏ん張っている。

ゆるむ「歩き方」

一般的なウォーキングのフォームは、ゆるめることとは正反対。カラダに負担をかけず、ラクに歩くためには、着物を着ているときをイメージしてみるのが簡単でおすすめです。背中は背骨の内側で支えます。**つま先と膝は少し内側に向け、歩幅は小さめに。そして、上半身から前に進むように意識をすると、ムダな力を使わずにラクに歩けるようになります。**大股で地面を蹴って歩く動きは、骨盤が前に押し出されるため股関節が詰まって、リンパの流れが悪くなりむくみの原因に。股関節ではなく、「みぞおちから下は全部脚」とイメージするのがコツ。すると、股関節を詰まらせることなく、お腹のインナーマッスルで歩けるようになるので、すっきりとしたお腹と美脚を目指せます。

カラダがゆるむ
歩き方

着物を着ているように、
小股&やや内股で
すーっと重心移動して歩く。
力まずラクに歩ける。

大股で地面を蹴って歩く。
胸を張り背筋を伸ばし
腕を大きく振る。
地面を踏みしめ踵から着地。

ゆるむ「座り方」

座るときは「お尻のどこで座るのか」を意識。浅く腰をかけると、お尻のお肉で座ってしまうので丸みが失われ、腰や股関節が固まって腰痛や足のむくみにもつながります。**座りながらカラダをゆるめるには、お尻ではなく、太ももの裏全体をべったりつけるように深く座ります。**お尻を後ろに突き出して内股にし、股関節が柔らかくなるところまで後ろに引きます。背中はお腹で支えるようにして上半身を股関節にのせるようにしてみましょう。上半身を起こした姿勢をキープできないときはテーブルや太ももなどに肘をついて支えてもOK。強引に上半身を起こすと腰痛の原因になるので無理は禁物です。つま先を立てると股関節がさらにゆるんでリンパの流れが良くなり、よりむくみにくくなります。

カラダがゆるむ
座り方

Good!
NG

太ももの裏を
べったりつけて座ると
お尻が潰れず垂れない。
背中や腰もゆるむ。

「お尻で座る」と
お尻のお肉を潰し、
お尻のたるみや
腰痛、むくみの要因に。

オフィスなどでは
このくらいでも
OK！
お尻ではなく、
太ももの裏を意
識するのを忘
れずに！

骨を意識してもカラダがつらいときは……

ここまで「ゆるむ日常動作」についてお伝えしましたが、難しかった方はカラダの後ろ側にある空間を意識してみてください！

多くの方は、自分の前の空間にしか意識を向けられていません。それは私たちの日常生活には、目の前に集中しなくてはいけないことが多すぎるからです。例えば、スマホやパソコンを操作するとき、家事や運転をするときなど、前屈みになる要素にあふれています。

前方向にばかり意識が集中すると、背中が丸まりがちになるので、骨格のバランスが崩れ、筋肉が硬くなってしまいます。

そんなときは、「自分の後ろにも前と同じだけ空間がある」と意識してみてください。筋肉に頼らずとも背骨を起こしやすくなり、カラダがスッと軽くなっていきます。

前で空間を感じると猫背になりやすい

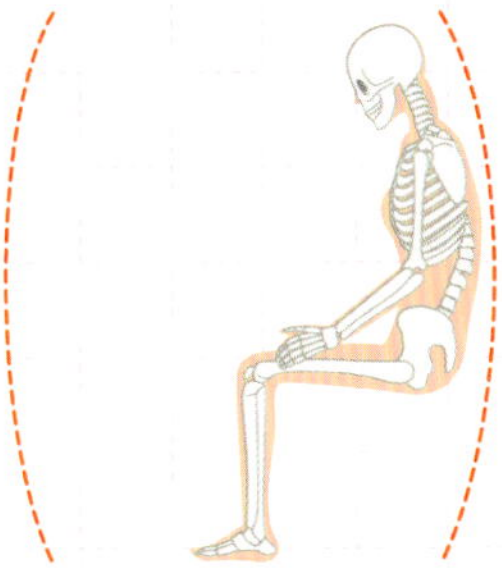

猫背になっていると前にしか空間がなく感じられるため、前傾姿勢になりやすい。

前後に空間を感じると上体を起こしやすくなる

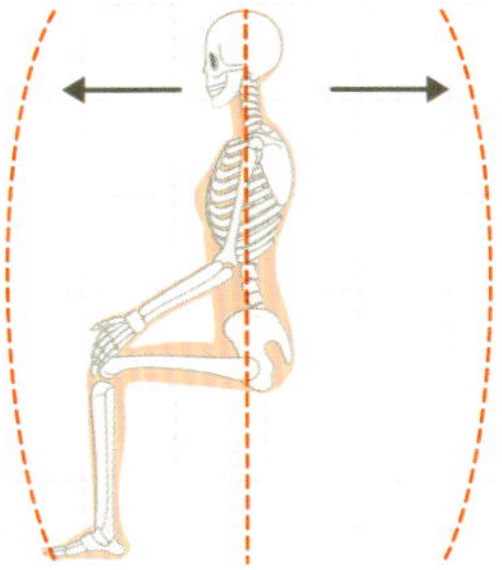

前後に空間が感じられると、その間に自分を置くことができるため自然と姿勢が良くなる。

ズボラな私でも
こんなに
変われた！

ゆるめるボディケア体験記 vol.2

A・Mさん（仮名）の場合 | 派遣社員 | 20代

努力0《ゼロ》で気づけば5kg減！ボディケアの意識が変わりました

Q. 今までのカラダのお悩みを教えてください。

A. 肩コリがひどい。足が太い。ぽっこりお腹。太っている。むくみがち。顔の左右差。

Q. 悩み改善のために、どんなことにトライしましたか？

A. 筋トレ、整体、食事制限、リンパマッサージ、ピラティス、ヨガ、フォームローラー、漢方。どれもつらくて続きませんでした。

Q. ゆるめるボディケアを行って、どのくらいで変化が体感できましたか？

A. 夢中で「気持ちいい」を追求していったら、努力ゼロだったのに1年ほどで体重が5kg減。周りからも「痩せたね」と言われるようになり、驚きました。今では痩せるためではなく日々の癒しに。リラックスしたくてケアしたらまたきれいになっちゃった！という感じです（笑）。

Before

肩周りがぽてっとし、
全体的にもっさり

After

むくみがとれて、
全体的に細く！

Lesson 3

ゆるむことで起こるカラダの変化

心地よく整えるには、自然治癒力がカギ！

カラダは完璧なバランスをもっていて、本来何もしなくてもちゃんと機能するようにできています。

例えば、赤ちゃんは何かを意識しなくてもスムーズに呼吸して、柔らかい体でのびのび動いていますよね。無意識にカラダを動かして調整しながら、完璧なバランスを保っています。でも、大人になるにつれて、「こうしなきゃいけない」という思い込みがカラダの緊張を生んで、本来あるはずの働きができなくなってしまっていると、私は感じています。

じつは、カラダには必要なときに必要なことをしてくれる自然治癒力という機能があります。傷ができたら勝手に治るし、疲れたら眠くなって回復する。このようにカラダはうまくバランスを取りながら調整してくれています。

そして、この**「本来の完璧なカラダ」が機能するために大事なのが、Lesson2でお伝えした「骨を意識すること」**と、**次ページより解説する「柔らかい筋膜」**です。

筋膜は、筋肉や内臓、骨を包み込んでカラダ全体を支えているネットのようなもの。この筋膜がゆるんでいると、細胞に必要な酸素や栄養を届ける役割の体液がスムーズに流れていきます。すると、カラダのすべてのシステムが本来の働きを取り戻し、無理なく整っていくのです。

次のページからは、カラダと向き合っていくうえで不可欠な「筋膜」や「体液」について解説していきます。

なるべくわかりやすく簡単にお伝えするので安心してください！

筋膜をゆるめることで、しなやかに動けるカラダへ

筋膜は、筋肉や内臓、血管、神経などを包み込み、全身をつなぐネットのような役割を持っています。

しかし、筋膜が硬くなると血管やリンパ管が圧迫され、血流やリンパの流れが悪くなってしまうのです。本来、筋膜は水分をたっぷり含みしなやかさを保っているのですが、カラダの緊張が続くと筋膜同士が癒着して動きにくくなってしまいます。カラダが硬くなって痛みを感じると「筋肉のせい」と思いがちですが、じつは筋膜の癒着が原因のことが多いんです。だから、いきなりストレッチなどのボディケアをするのではなく、まずカラダをゆるめて筋膜を柔らかくすることが大切。

筋膜が柔らかくなると……

・カラダの動きがスムーズになる
・骨が正しい位置に戻りやすくなる
・筋肉の負担が減り、ラクに動ける
・関節の可動域が広がる
・カラダ全体のバランスが整う
筋膜がゆるむことで、カラダが軽くなり、より快適に動けるように！

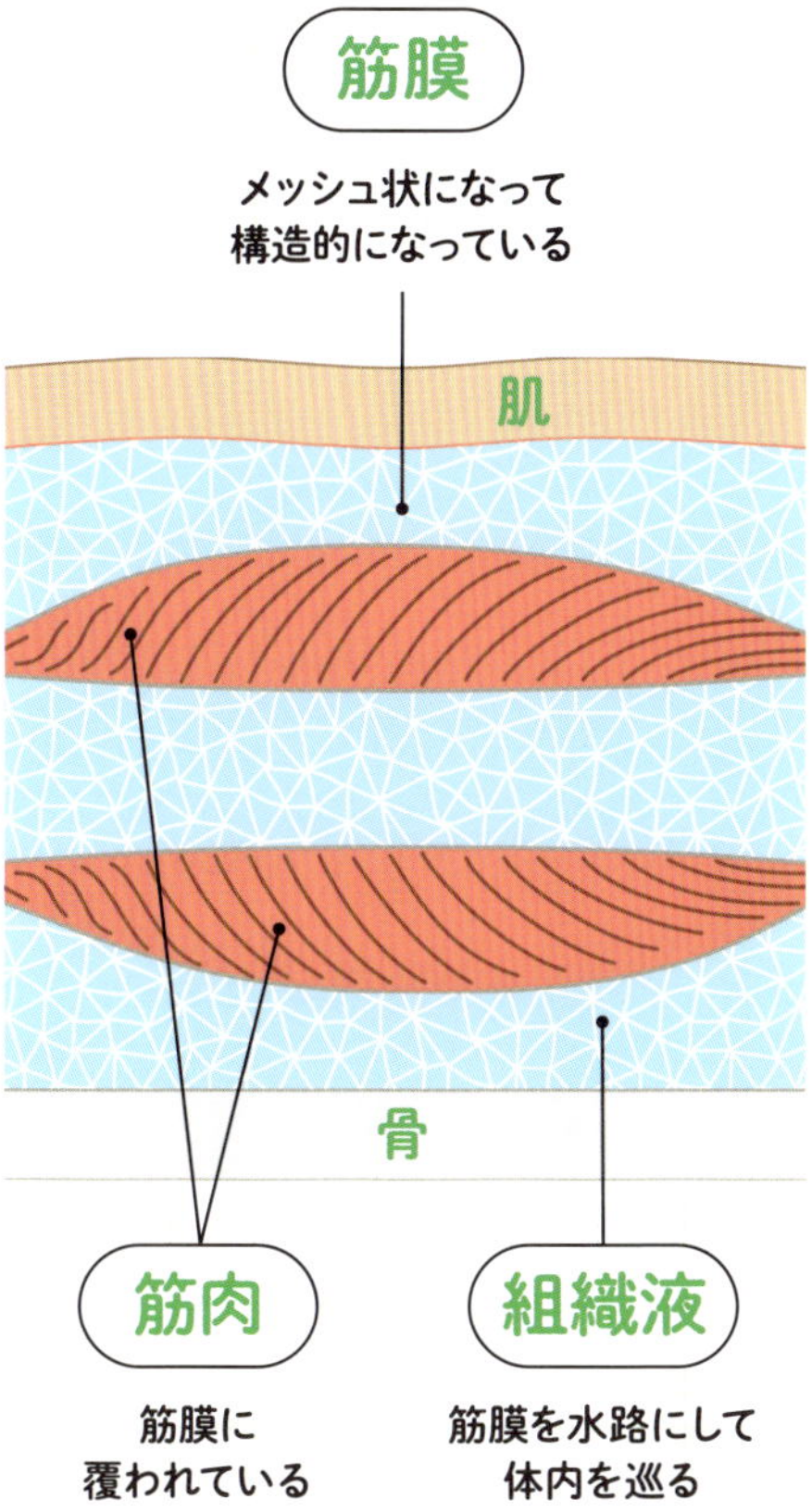

無理なくカラダを整える筋膜と組織液の力

筋膜が柔らかくなることで、カラダにとって重要な「組織液」の流れが良くなります。

組織液とは、体内の細胞に栄養を届け、老廃物を流す役割を果たしている体液です。この組織液がスムーズに巡ることで、細胞が活性化し、カラダが健康を維持できるようになります。

組織液は、筋膜の隙間を流れているので、筋膜がゆるむと自然に組織液の流れが良くなります。

すると、リンパや血流もスムーズに流れ、組織液が最大限に活用されるようになります。

これにより、細胞レベルでの修復が進み、自然治癒力が高まるのです。**筋膜をゆるめることで体液の巡りが改善され、余分な水分や老廃物が排出されやすくなります。**

カラダの本来の機能を取り戻すためには、骨／筋膜／組織液が調和することが重要です。

骨を意識して正しく使い、筋膜を柔らかくしてしなやかさを取り戻し、組織液の流れを整えれば、カラダは余計な力を使わなくても自然なバランスを取り戻します。

この調和がとれると、固まった筋肉にも栄養や水分が入り、柔らかくしなやかな筋肉に変わります。無理にストレッチや筋肉を鍛える必要はなく、カラダ本来の機能が働くことで、自然と姿勢が整い、動きやすく美しいカラダへと変化していくのです。

筋膜は伸ばすより縮めることでゆるむ

筋膜は本来、弾力がありスムーズに動くものです。しかし、無理な力を加えたり、長時間同じ姿勢を続けたりすると縮んだまま固まってしまい、筋肉や神経を圧迫して痛みやコリを引き起こします。

この状態で無理に筋膜を伸ばそうとすると、体は防御反応を起こし、かえって筋膜が硬くなってしまいます。

縮んで固くなっている筋膜をゆるめるには「もっと縮める」のが、じつは最善策。さらに縮めることで、カラダが「これ以上縮めなくていい」と認識させると、緊張が解けていくのです。

例えば、肩をすくめた状態から力を抜くと、自然と肩がゆるむのと同じ原理。このように縮めることで脳が安心し、筋膜がふわっと解放されます。**筋膜を柔らかくするためには、無理に伸ばそうとするのではなく、まずは筋膜を縮めて安心させることが重要。**この方法が、筋膜をゆるめるのにとっても効果的なのです。

緊張した筋肉と筋膜は
ギュッと詰まった硬い状態

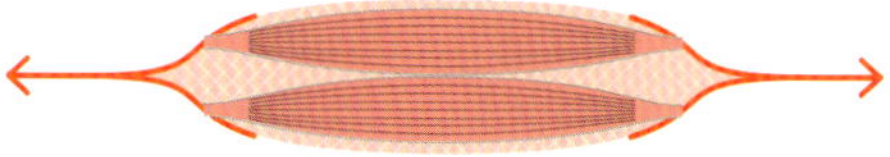

ふかふかの筋肉と筋膜は
柔らかく弾力のある状態

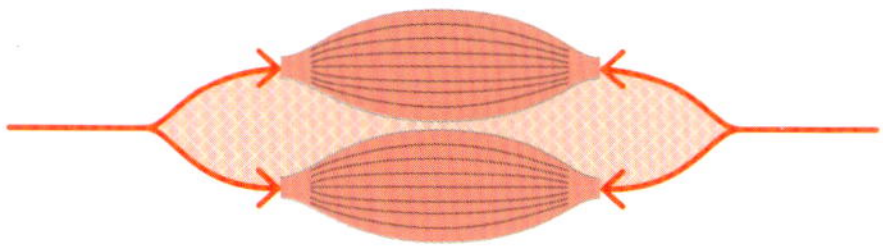

骨×筋膜×組織液の関係性まとめ

骨の意識が整い、筋膜が柔らかくなることで、生命を巡らせる大切な水と呼ばれている組織液は、初めてスムーズに全身に流れます。

・骨の意識が整う→ムダな力が抜ける→組織液の流れがスムーズに
・筋膜が柔らかくなる→組織液が全身を巡り、栄養が細胞に届き活性化
・組織液が巡る→代謝UP・自然治癒力UP・疲れにくいカラダになる

骨を意識することも、筋膜をゆるめることも、目的は「組織液が流れる空間をつくる」こと！　空間さえできれば、マッサージをしなくても組織液は自然とグルグル巡り、細胞が活性化して熱が発生し、カラダがポカポカしてきます。カラダが自然と回復する流れが生まれることで、自然と健康で美し

い状態になれるのです。だからこそ、何より大切なのは「姿勢を正そう」とすることではなく、まず骨を感じ、筋膜をゆるめ、カラダの流れを整えることです。これを意識して実践することで、カラダはもっと自由に、軽やかに動けるように。最終的には、カラダが自然に調和を取り戻し、より健康的で美しい状態へと導かれるのです。

カチカチの場所は伸ばすより縮めるほうに意識を向けよう！

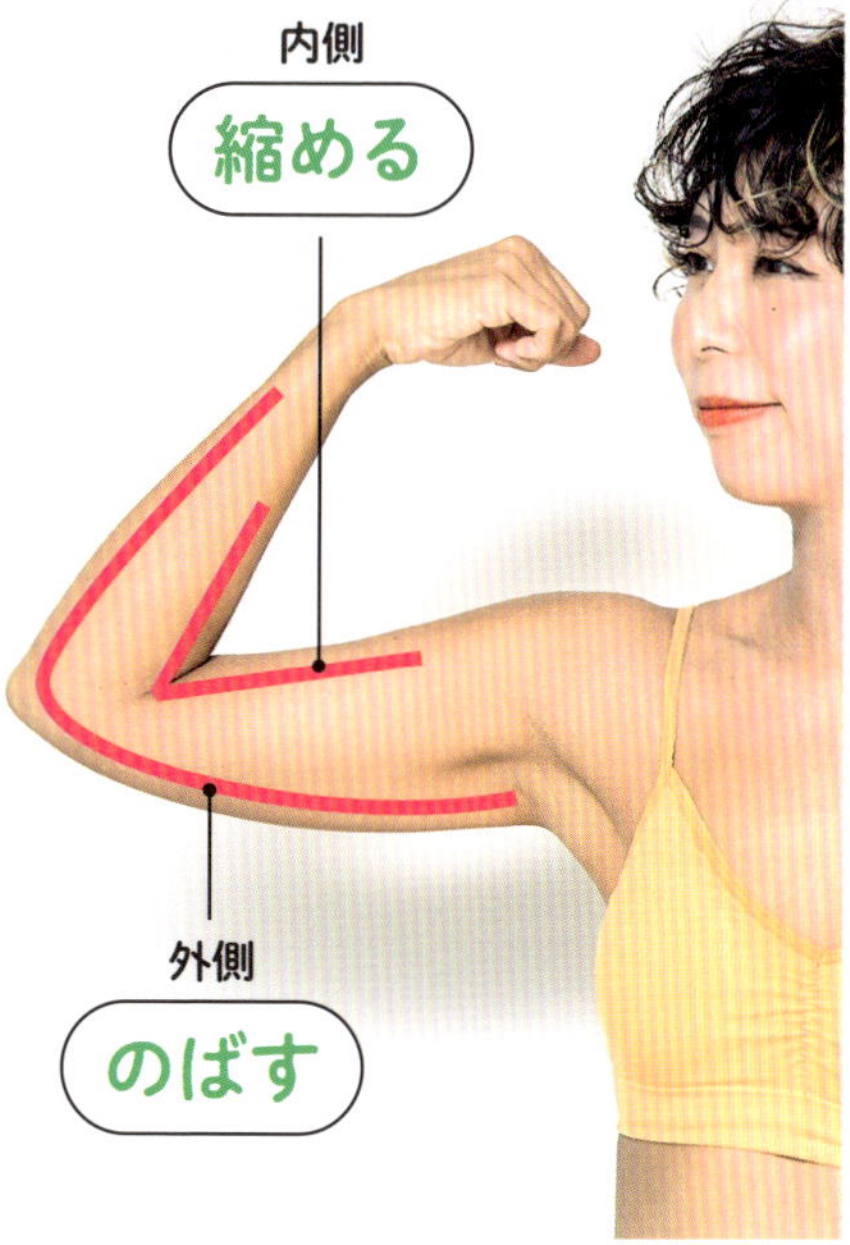

「ほぐす」と「ゆるむ」の大きな違い

カラダが硬いと「ほぐさなきゃ！」と思いがちですが、その意識が逆に緊張を強めてしまうことがあります。「ほぐす」とは、マッサージやストレッチなどで外から力を加え、筋肉を柔らかくしようとすること。一時的に血流が良くなりラクになることもありますが、強く押したり無理に伸ばすと、カラダは「守らなきゃ」と防御反応を起こし、またすぐに硬くなってしまいます。

一方、**「ゆるむ」は、カラダが内側から自然にほどけること。**意識的に脱力したり、深い呼吸をすることで、筋肉が「もう力を入れなくていい」と感じたときに起こります。赤ちゃんや動物がほぐさなくても柔らかいのは、不要な力を自然と抜くことができるからです。

もちろん「ほぐす」ことが役に立つ場面もありますが、それだけでは根本的な解決になりません。大切なのは、無理にほぐそうとするのではなく、「ゆるめる」ことを優先すること。カラダが本当に安心したとき、筋肉は自然としなやかさを取り戻します。「ほぐさなきゃ」と頑張るのではなく、「ただゆるめばいい」と思えたとき、カラダは勝手に変化していくのです。

カラダがゆるむと自然と動きたくなる！

私たちのカラダは、もともと「動くため」につくられています。

関節や筋肉、そしてその周りの組織は、本来ならスムーズに連動して子どものようにのびのびと気持ちよく動けるはずなのです。

でも、緊張が続いたり、ストレスが溜まったりすると、カラダは「守らなきゃ」と、力が入って固まってしまいます。そうなると、動くこと自体が億劫になり、ちょっとした動きでも疲れるようになってしまうのです。

でも、カラダがゆるんで筋肉が柔らかくなると、その「守りのスイッチ」がオフになって、本来の自然な動きが戻っていきます。そうなったら「運動しなきゃ」「伸びなきゃ」と思わなくても、カラダのほうから「歩きたい！」「伸びたい！」と言い出します。

猫が起きたときに自然と伸びをするように。植物が光の方に伸びていくように。

カラダにも自然に伸びたくなる、動きたくなるタイミングがくるのです。

だから、やりたくないときは無理に運動しなくていいんです！ **筋膜を縮めて、カラダの循環が整えば、自然と動きたいスイッチが入ります。**その感覚のときに、カラダに身を任せて動くと、力まずに動けるのでカラダはしなやかに整います。

そうすると、運動やストレッチはもう「義務」ではなく、「気持ちのいいもの」になるので、さらにボディケアが楽しくなっていくはずです。

ズボラな私でも
こんなに
変われた！

ゆるめるボディケア
体験記 *vol.3*

asako さん（仮名）の場合 | ボディケアセラピスト | 40代

肩コリや頭痛の改善、美肌、小顔…
次から次へと起こる変化が嬉しい！

Q. 今までのカラダのお悩みを教えてください。

A. ひどい肩コリ、片頭痛、太い足、ぽっこりお腹、太っている、むくみがち、小さい胸。

Q. 悩み改善のために、どんなことにトライしましたか？

A. 頭痛薬に頼りがちでした。マッサージでやり過ごすこともありましたが、逆に痛みが悪化して全く効果がありませんでしたね。

Q. ゆるめるボディケアを行って、どのくらいで変化が体感できましたか？

A. 初めてゆるめるボディケアを体験したときの感覚は今でも覚えています。じゅわ〜っと体内で何かが流れる感覚がしたと思ったら、肩がすぐラクに。それから半年ほど続けていたら、頭痛薬を飲まなくても済むようになりました。小顔や美肌、姿勢など日々の変化にワクワクしています。

口元などに力が入って緊張 → ふわっとゆるんで自然体の表情に

Lesson 4

症状・悩み別
ズボラ女子でもできる
カラダのゆるめ方

4つの注意点

心地いい時間、回数で行うのがベスト！自分のカラダの声をよく聴いて

ゆるめるボディケアにルールはありません。毎日やらなくてもいいし、好きなタイミングで行って OK。今自分にとっていちばんラクな方法を選択して、気持ちいいと感じられる分だけ行い、無理なく続けていきましょう。

「伸ばす」ではなく、「縮める」を意識して行うのが最大のコツ

カチコチの筋肉は縮める動きをしないとゆるめることはできません。だから、引っ張って「伸ばす」のではなく「縮める」こと。縮めてたゆませると筋肉の隙間に組織液が流れて柔らかくなり、カラダを動かしやすくなります。

ゆるめるボディケアの

ゴリゴリは角度を変えて！
でもピキピキはストップの合図

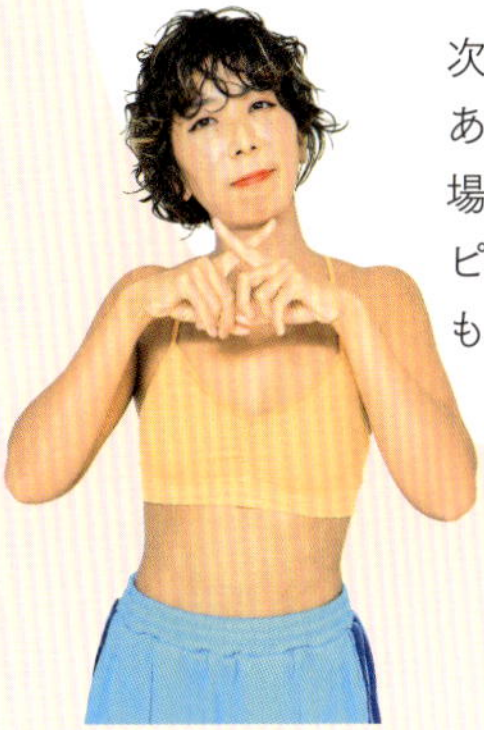

次ページよりご紹介するゆるめるボディケアを行う際に、あまりにカラダを動かしてなくてゴリゴリッと音がする場合は、角度を変えて行ってみてください。つるようなピキッとした痛みが伴う場合はカラダの防御反応かも。もっと優しくやり直してみてくださいね。

回数≠効果
無理は厳禁！

ストイックに運動を続けてきた人は、たくさん回数をこなしたり、疲れていても無理に続けようとする傾向に。ゆるめるケアに頑張りはいりません。カラダの声を聴いて、今やりたいケアを楽しめる分だけ続けて。

☑絶壁解消　☑首コリ　☑ストレートネック　☑頭痛

首の後ろを縮めて頭を正しい位置にリセット

頭・首ゆるめ

Point
ゆるめる筋肉はココ！

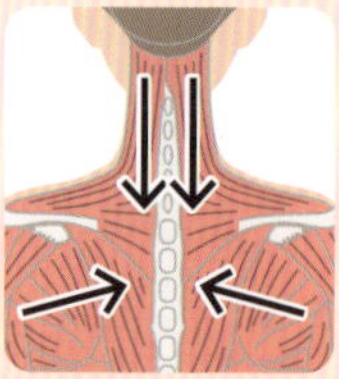

1 座って視線は前に

ラクな姿勢で座って、視線は前に向けます。しっかりゆるめたいときは、頭の上で両手を組んでスタンバイ。

手の重みを使うのもOK

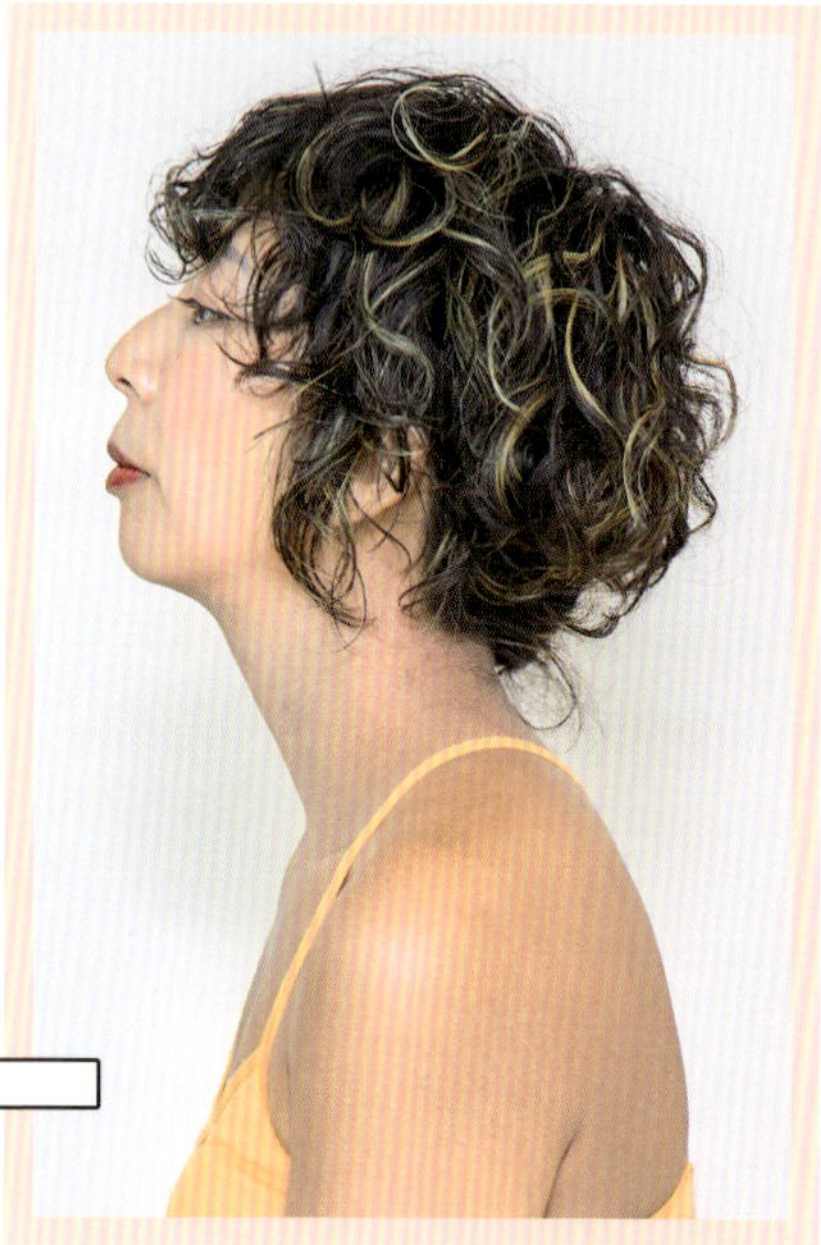

肩を首側に縮めるとさらにゆるむよ！

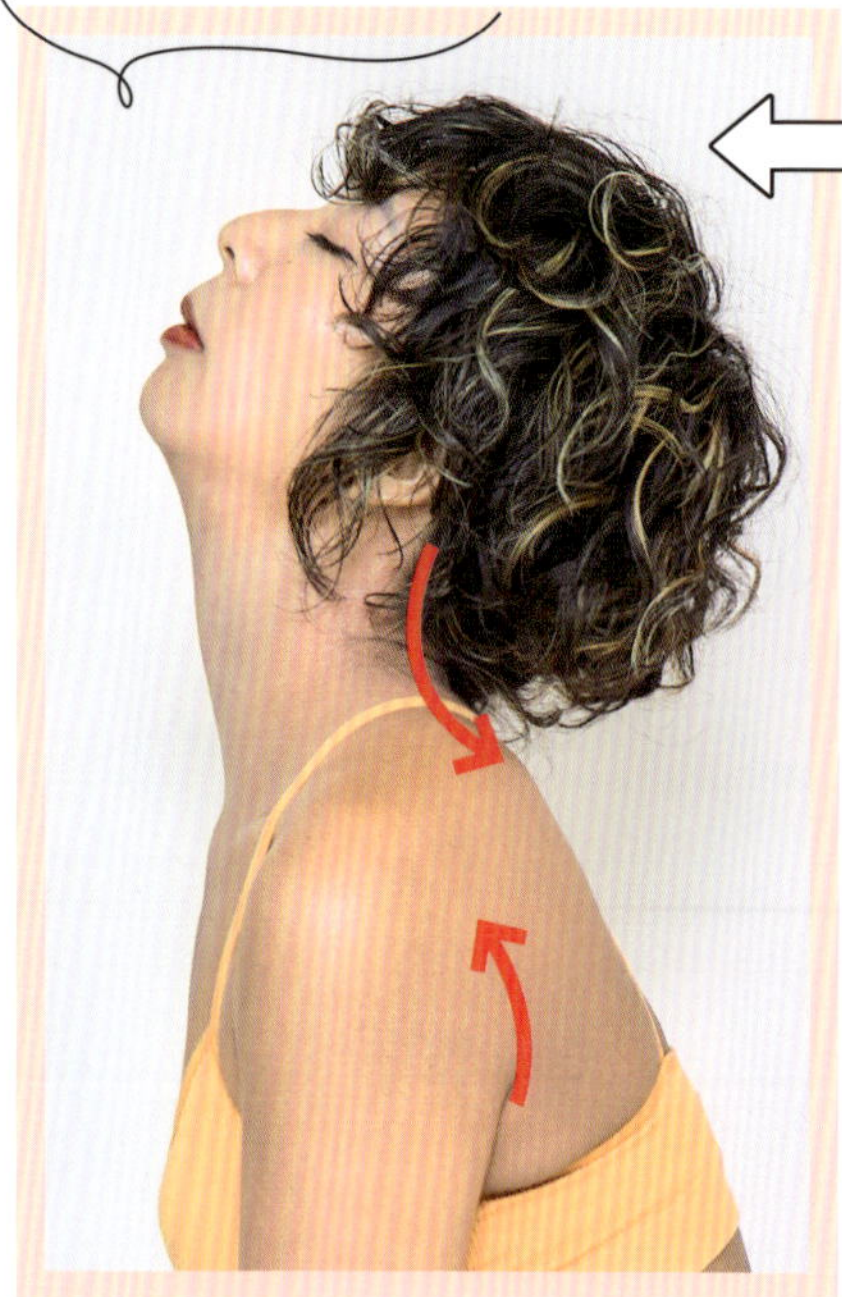

2 頭・首の裏側を縮めて上を向く

後頭部〜首の後ろの筋肉を引き寄せるように縮めるイメージで、ゆっくりじわじわとアゴを上げます。首の前側ではなく、頭と首の後ろ側の縮めるほうに意識を向けて。

NG
両手で圧をかけて首の後ろだけを無理に伸ばす。

☑首のシワ　☑肩コリ　☑猫背　☑顔のたるみ　☑デコルテ　☑バスト

首と鎖骨の下をゆるめ、たるみを解消
首・鎖骨流し

Point
ゆるめる筋肉はココ！

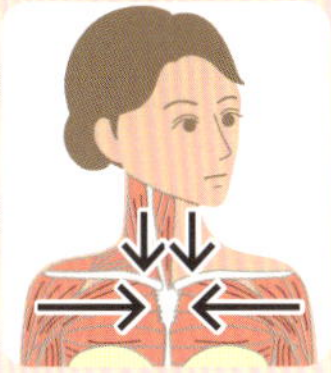

1 鎖骨のくぼみに指をひっかける

ラクな姿勢で座り、鎖骨のくぼみに指を引っかけます。指をグッと押し込んだりせず、自然に指をかけるだけでOK。

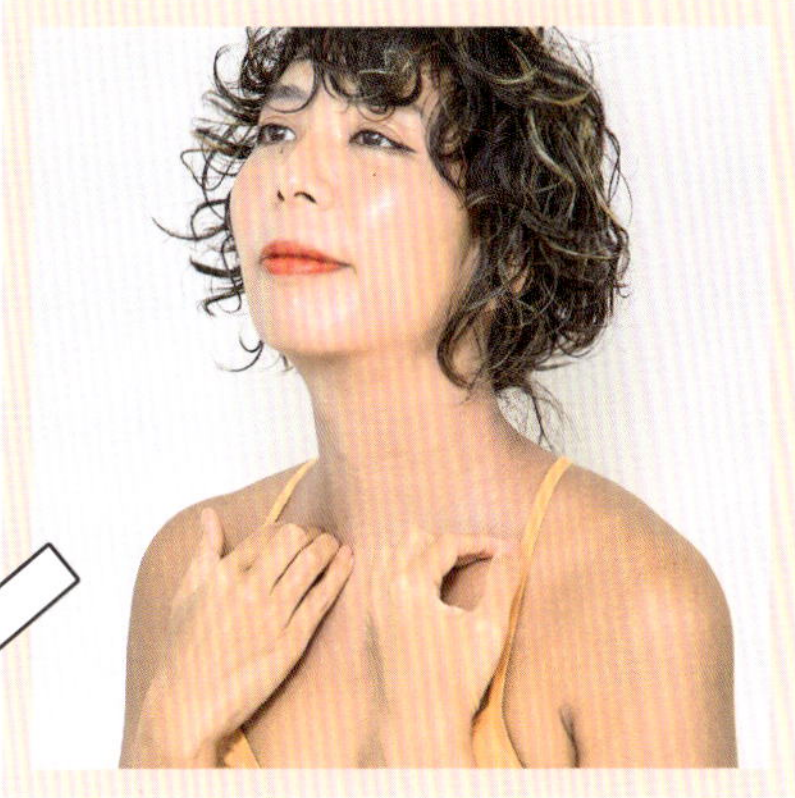

2 首と胸の前側を縮めていく

鎖骨に指を引っかけたまま、首〜胸の筋肉を縮めるようなイメージで頭を自然に倒します。

猫背になるとしっかり縮む！

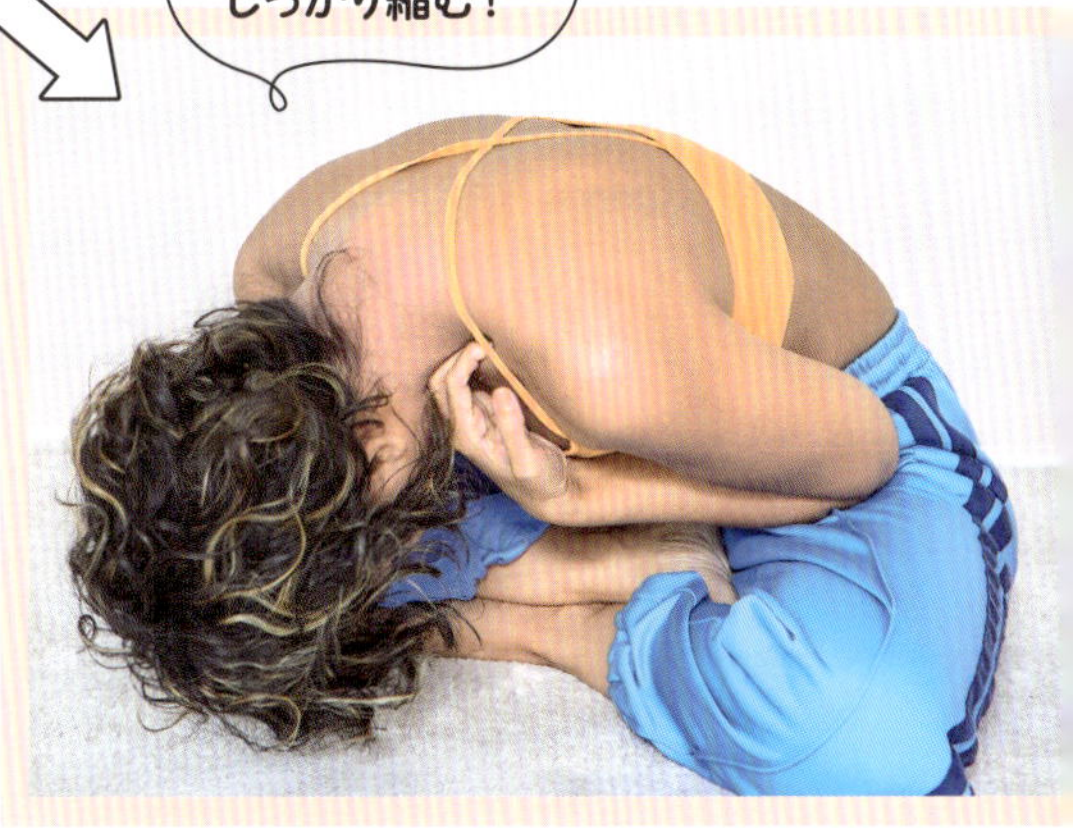

3 背中を丸めながらさらに縮める

猫背になり、ボールを抱えるように胸を丸めます。筋肉の縮む流れに沿ってどんどん床に落ちていくイメージで。さらに首の前側の筋肉を縮めます。

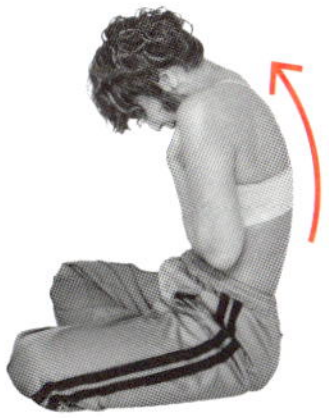

NG
背中を丸める。力ずくで鎖骨を押す。

☑巻き肩　☑首・肩コリ　☑肩幅の広がり　☑食いしばり　☑バスト

首の側面がゆるめば首&肩のコリがラクに!

首・肩・背中のケア

Point
ゆるめる筋肉はココ!

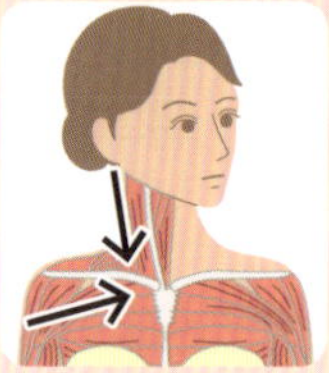

1 指先を内側に向け太ももに手を置く

ラクな姿勢で座ります。指先を内側に向けて太ももに置いて、肩を内側に巻き込んでおきます。

肩先は斜め内側に向けるとうまくいく!

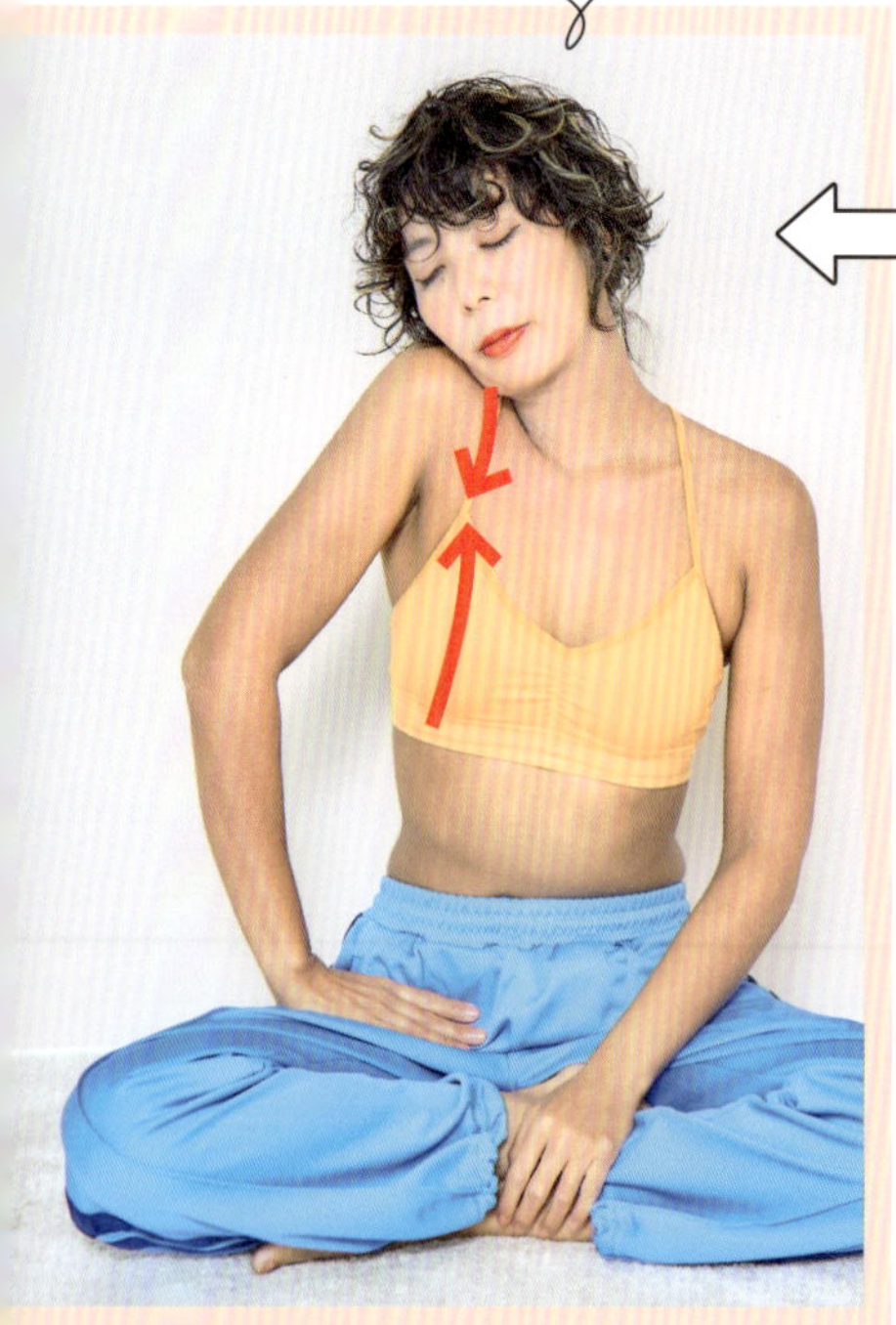

2 肩と首を寄せ首の側面を縮める

脇の下から肩を上げるようにして首に近づけ、首の側面の筋肉を縮めます。肩が耳たぶに触れるぐらい縮めることで、脇のリンパが流れ、首・肩周りのコリやむくみがラクに。反対側も同様に行います。

NG
手のひらを外に向ける。
手の力で頭を倒し、
首の側面を引っ張る。

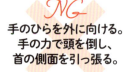

☑巻き肩　☑五十肩　☑肩コリ　☑脇肉　☑バスト

胸の前で腕回し。肩コリ改善&脇肉スッキリ

巻き肩・五十肩ケア

Point
ゆるめる筋肉はココ！

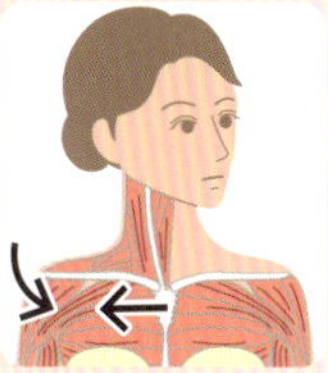

1 胸の付け根に手を添える

ラクな姿勢で座り、片手を胸の付け根に沿わせます。腕の骨は胸の真ん中に付いているため、カラダの前側で動かすのがコツ。

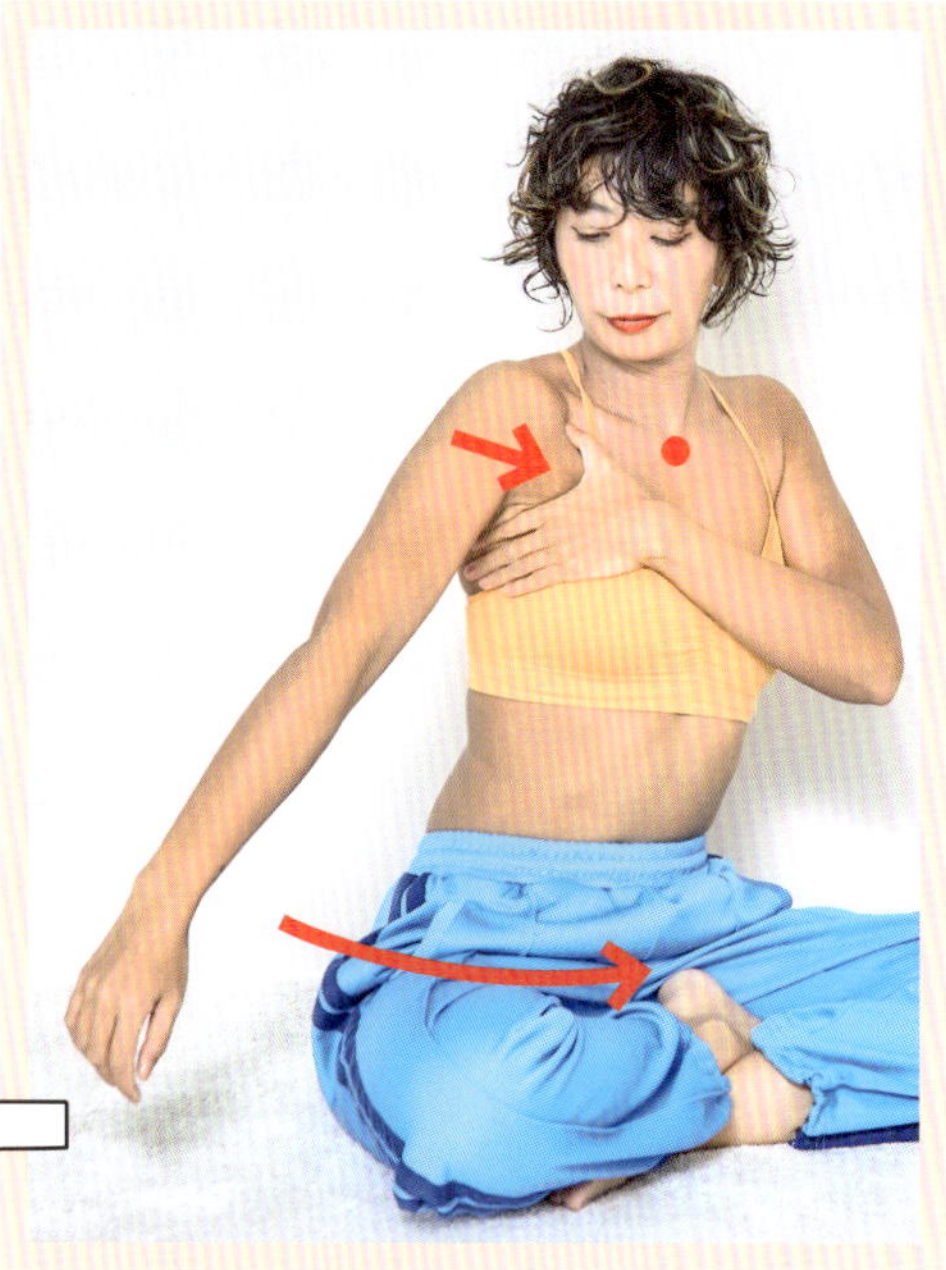

「私はガイコツ」と思って
腕を回すと
胸の筋肉が
縮みやすいよ

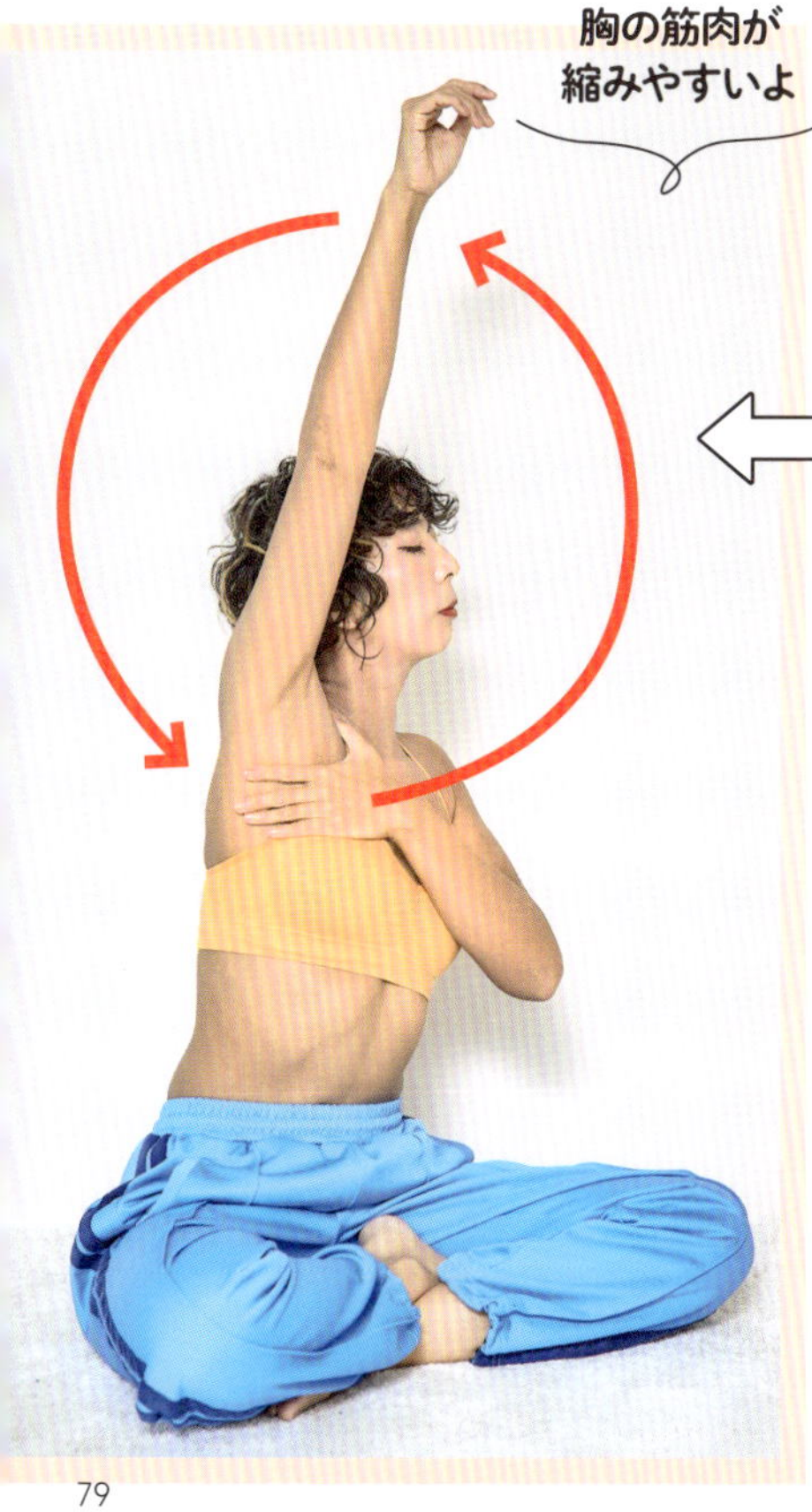

2 胸を寄せて弛ませ腕を回す

胸の付け根に手を添えたまま、腕を回します。胸の筋肉を縮めるように、胸と顔の前を通過するように腕を回しましょう。反対側も同様に行います。

NG
腕をカラダの
外側や後ろに
引っ張りながら回す。

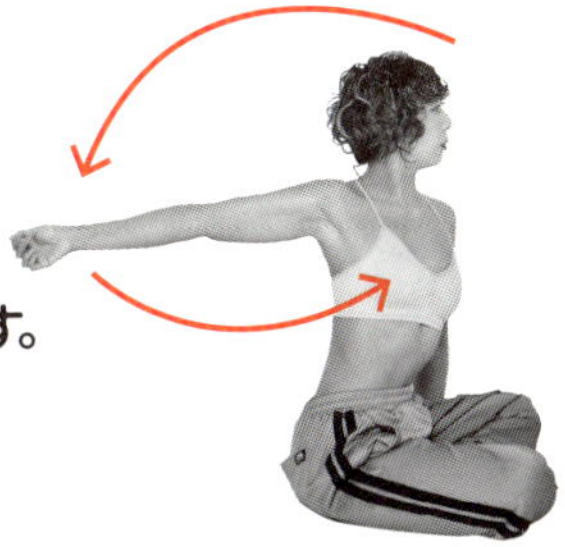

☑背中のコリ・痛み　☑首コリ　☑肩コリ　☑猫背　☑上半身のむくみ

お腹をじゅわ〜っとゆるめるほど美背中に
首・背中のむくみ取り

Point
ゆるめる筋肉はココ！

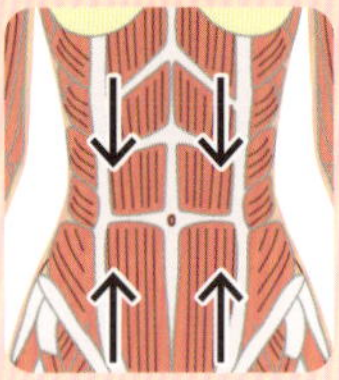

1 脚を開いて座り 頭の後ろで手を組む

脚を適度に開いて椅子に座り、後頭部の後ろで両手を組みます。背中のケアですが、意識はお腹に向けましょう。

2 猫背になり お腹を縮める

クッションを抱え込むようなイメージで、頭から首、背中を丸めながらじわじわ前に傾け、お腹の筋肉を縮めていきます。

3 腕を解いて さらに縮める

お腹が太ももにつくぐらい体を倒したら、腕を解き、その重みでさらにお腹の筋肉をゆるめて。お腹がゆるむことでむくみが改善し、もっさりとした首や背中もスッキリ。

NG
首の付け根だけ伸ばす。

「仙骨までが首」と意識しながらやってみて

☑二の腕　☑巻き肩　☑バストアップ　☑顔のリフトアップ　☑食いしばり

二の腕を巻き込めば肩もデコルテも開く！

肩・腕のねじれ戻し

Point
ゆるめる筋肉はココ！

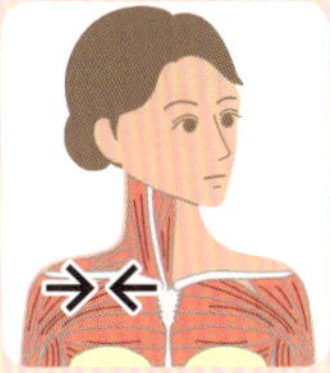

1 腕の付け根を外側から持つ

椅子などに座り、片方の手で反対側の腕の付け根を外側から持ち、スタンバイ。

猫背になって行うと胸の筋肉が縮みやすい！

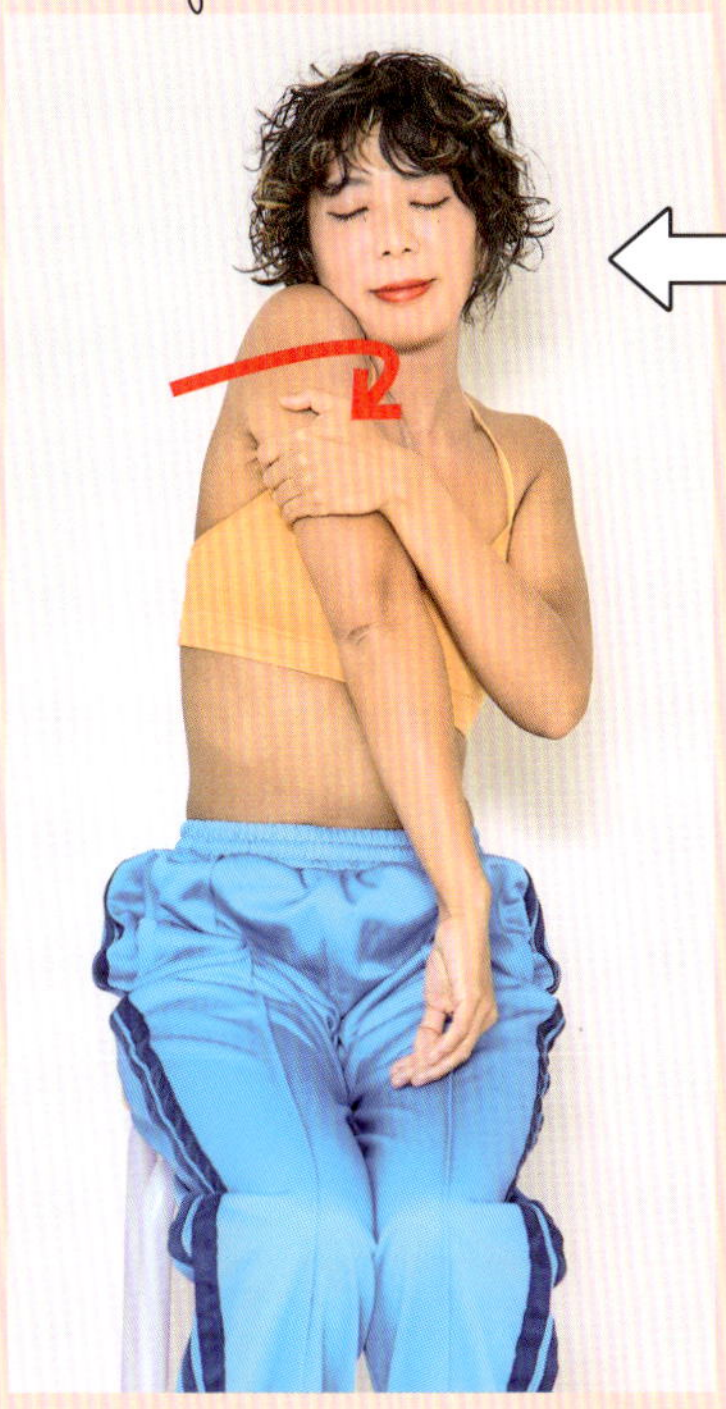

2 ねじって胸～腕の内側の筋肉を縮める

持った手を少し持ち上げ、肩を内側にしまい込むように手前に巻き込みます。巻き肩によってねじれ縮んでいる胸・脇・二の腕の内側の筋肉の緊張がゆるまり、肩や胸が開きやすくなります。反対側も同様に。

NG
腕を外側に引っ張る。
胸を張りながら行う。

☑二の腕のむくみ・太さ ☑腕のだるさ ☑肩コリ ☑バスト

腕を折りたたんで縮めて重だるさを解消！

腕のむくみ流し

Point

ゆるめる筋肉はココ！

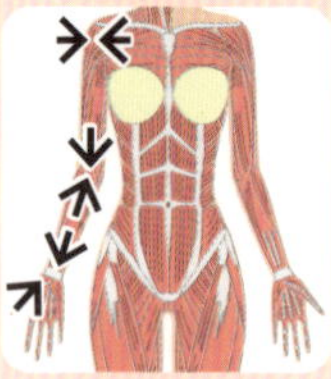

1 腕を伸ばして手首を手前に曲げる

ラクな姿勢で座ったら、腕を前に伸ばし、手首を手前に曲げます。

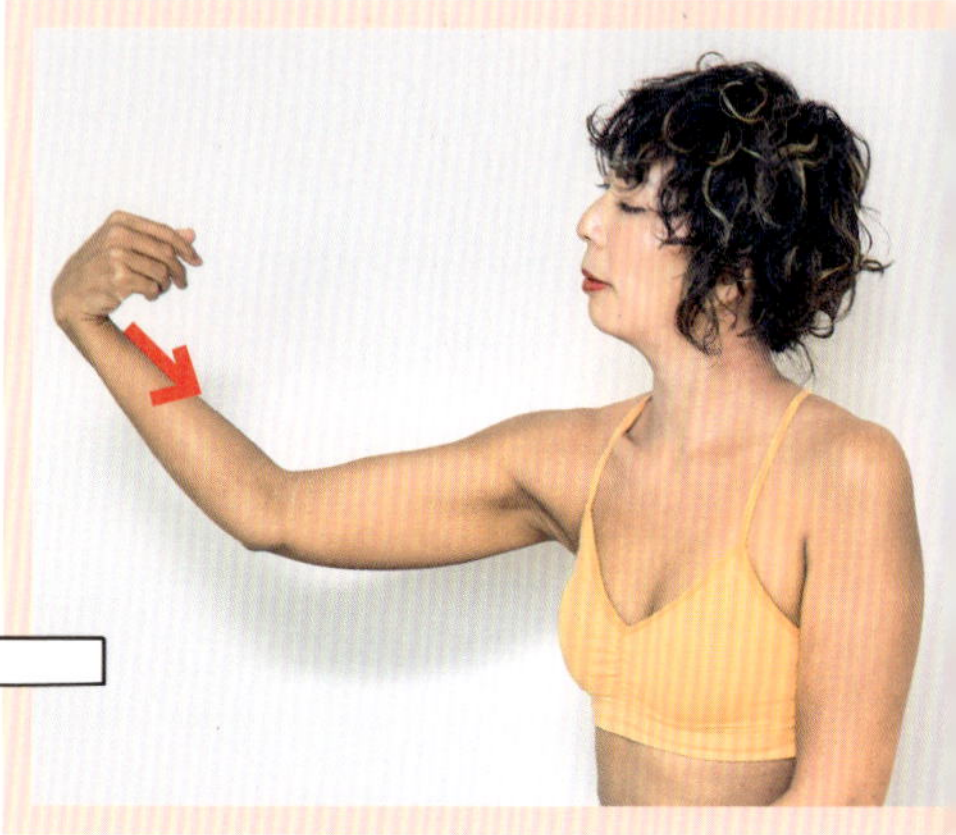

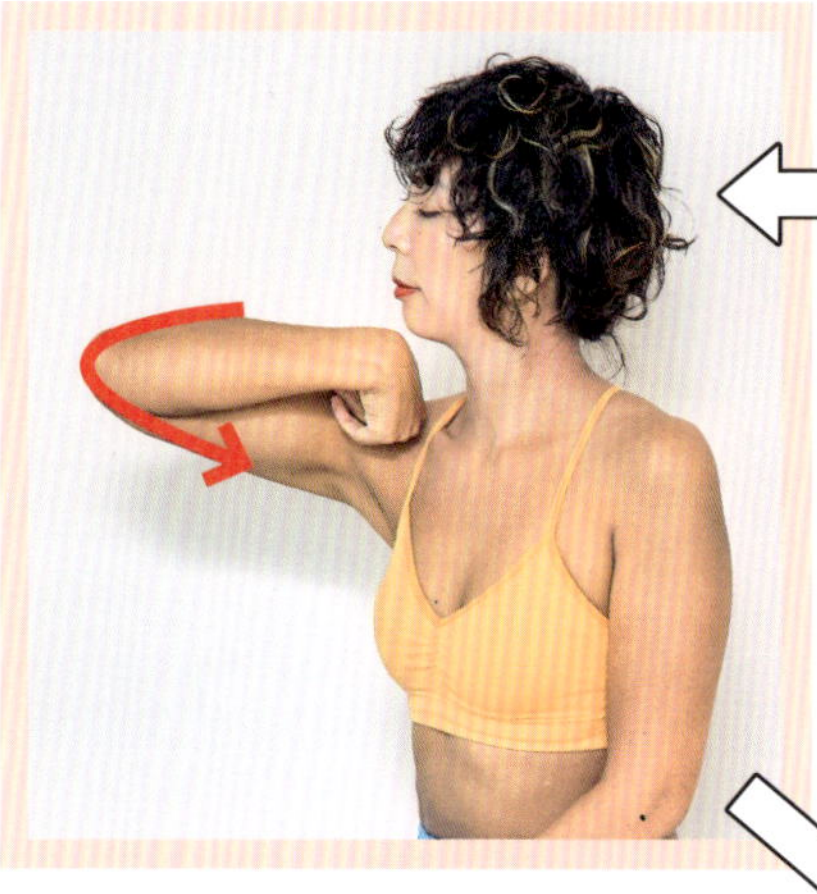

2 そのまま肘も曲げる

手首を曲げた状態のまま、肘も曲げます。

肘は膝を立てて脚で押さえてもOK

3 手で肘を押さえ腕全体を縮める

反対側の手で肘を押さえ、肩を内側に織り込み、腕全体を縮めます。外に引っ張られカチコチになった腕の筋肉がどんどんゆるんでしなやかに。反対側も同様に行います。

NG

手のひらを反らして腕を伸ばす。

☑脇のハミ肉　☑くびれ　☑肋骨　☑バスト　☑骨盤　☑腰

脇腹をじゅわ〜っと縮めてくびれをメイク！

美くびれケア

Point
ゆるめる筋肉はココ！

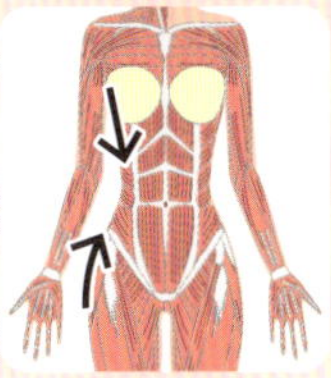

1 手を内側に向け太ももに置く

椅子などに座り、手を内側に向けて太もものつけ根に置きます。

頭と首も倒して
じゅわ〜っと

2 お尻を持ち上げ側面を縮める

手を置いたほうのお尻を持ち上げ、脇の筋肉に近づけてカラダの側面をじゅわ〜っと縮めます。肋骨を骨盤に近づけるようなイメージで行いましょう。反対側も同様に行います。

☑ぽっこりお腹　☑腹筋　☑生理痛　☑便秘　☑腰

縮めてゆるめてぽっこりお腹を改善！

ぽっこりお腹ケア

Point

ゆるめる筋肉はココ！

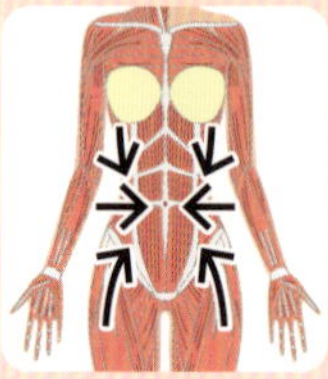

1 お尻の位置を高くして脚を持ち上げる

仰向けになり、バスタオル数枚やクッションなどを骨盤上部の下に入れ、脚を持ち上げます。お腹の筋肉を四方から縮めていきます。

2 つらい人は膝を開いて

膝をつけて行うのがつらい場合は無理をせず、膝を開いてラクにできる姿勢を探してみてください。

犬のように「へっ」と
息を吐くと
お腹の力が抜ける！

NG

クッションの入れる位置が下すぎると腹筋がつらくなる。

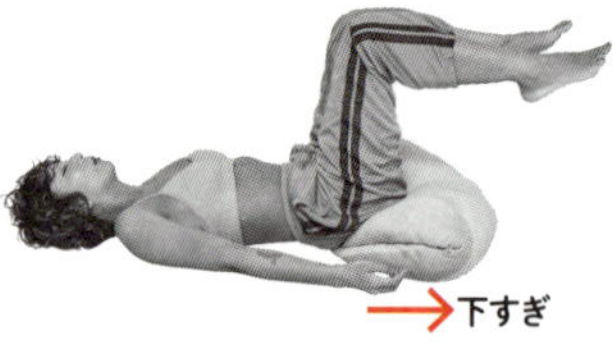

☑骨盤の歪み　☑美尻　☑腰　☑太もも

脚をパタパタするほどゆるむ♥カンタン骨盤ケア

骨盤の歪みケア

Point
ゆるめる筋肉はココ！

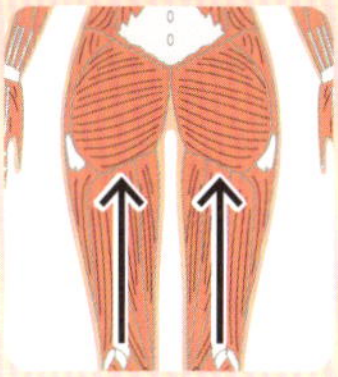

1 うつ伏せになり膝下を上げる

うつ伏せになり、両脚を広げ、膝から下部分を上げます。枕やクッションを抱えながら行ってもOK。

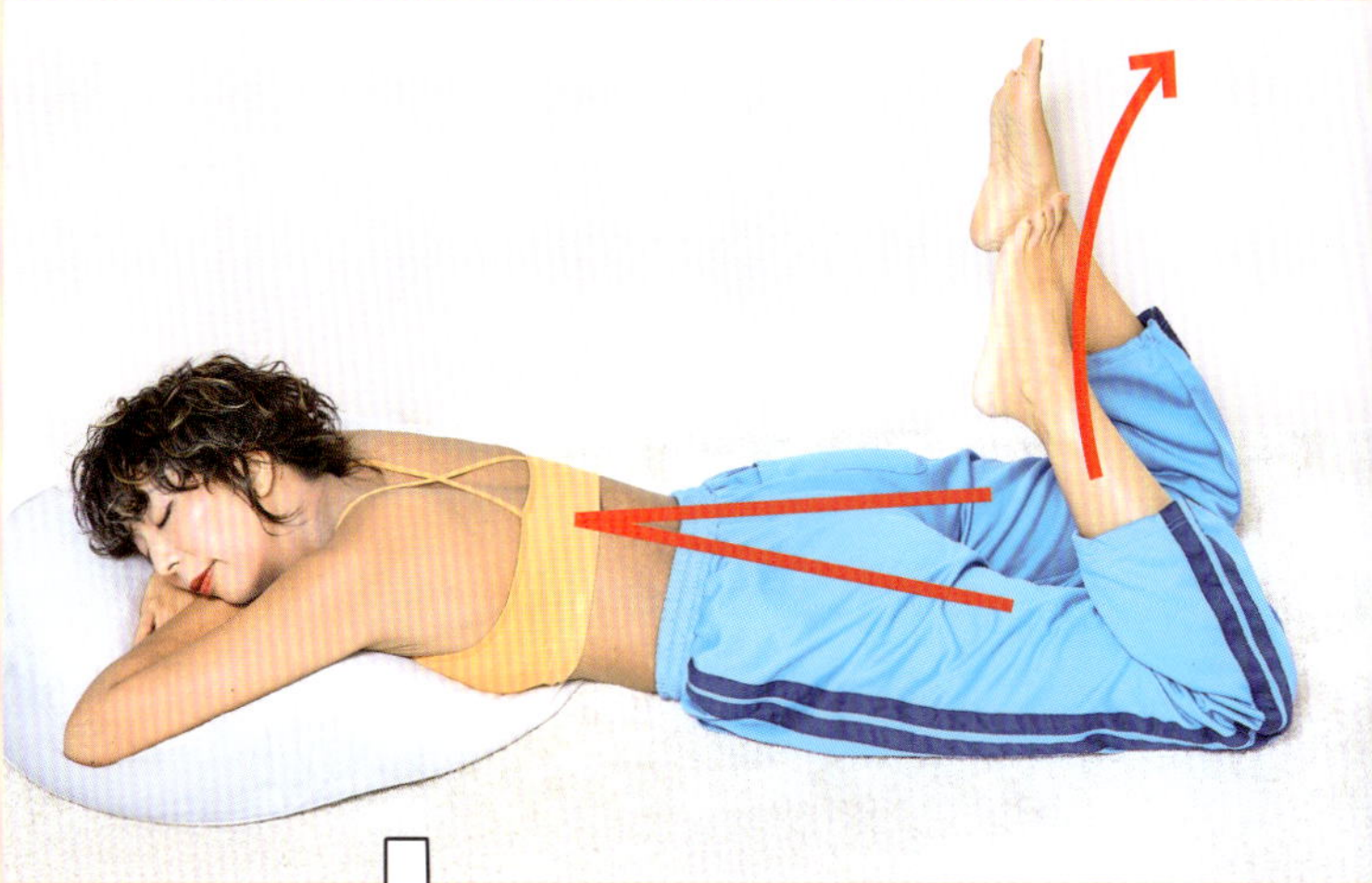

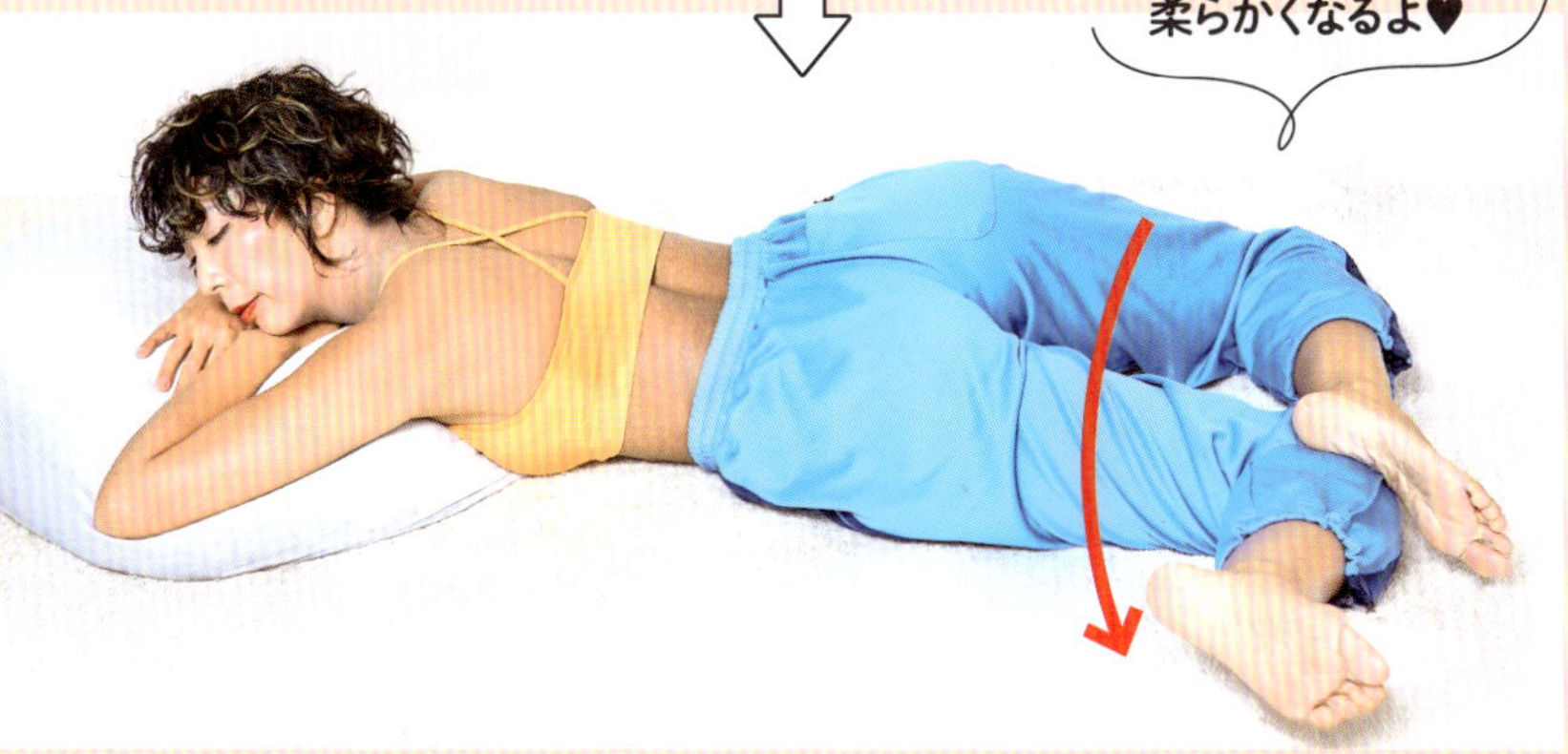

2 脚を左右に振り骨盤を揺らす

みぞおちを起点にして、膝を曲げたまま脚をパタパタと左右に振ります。みぞおちから大きく動かすことで、骨盤や股関節周りの筋肉がゆるんで、骨盤の歪みが改善されやすくなります。

☑ヒップアップ ☑むくみ ☑生理痛 ☑便秘 ☑腰

お尻を持って歩けばふわふわの上向きヒップに ヒップゆるめ

Point
ゆるめる筋肉はココ！

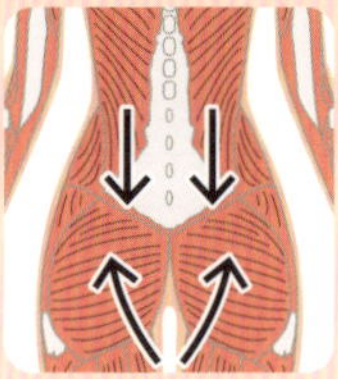

1 腕を後ろに回し お尻を軽く持つ

やや内股で立ち、両手を後ろに回し、お尻と太ももの境目のお肉をムニッとつかんで持ち上げます。

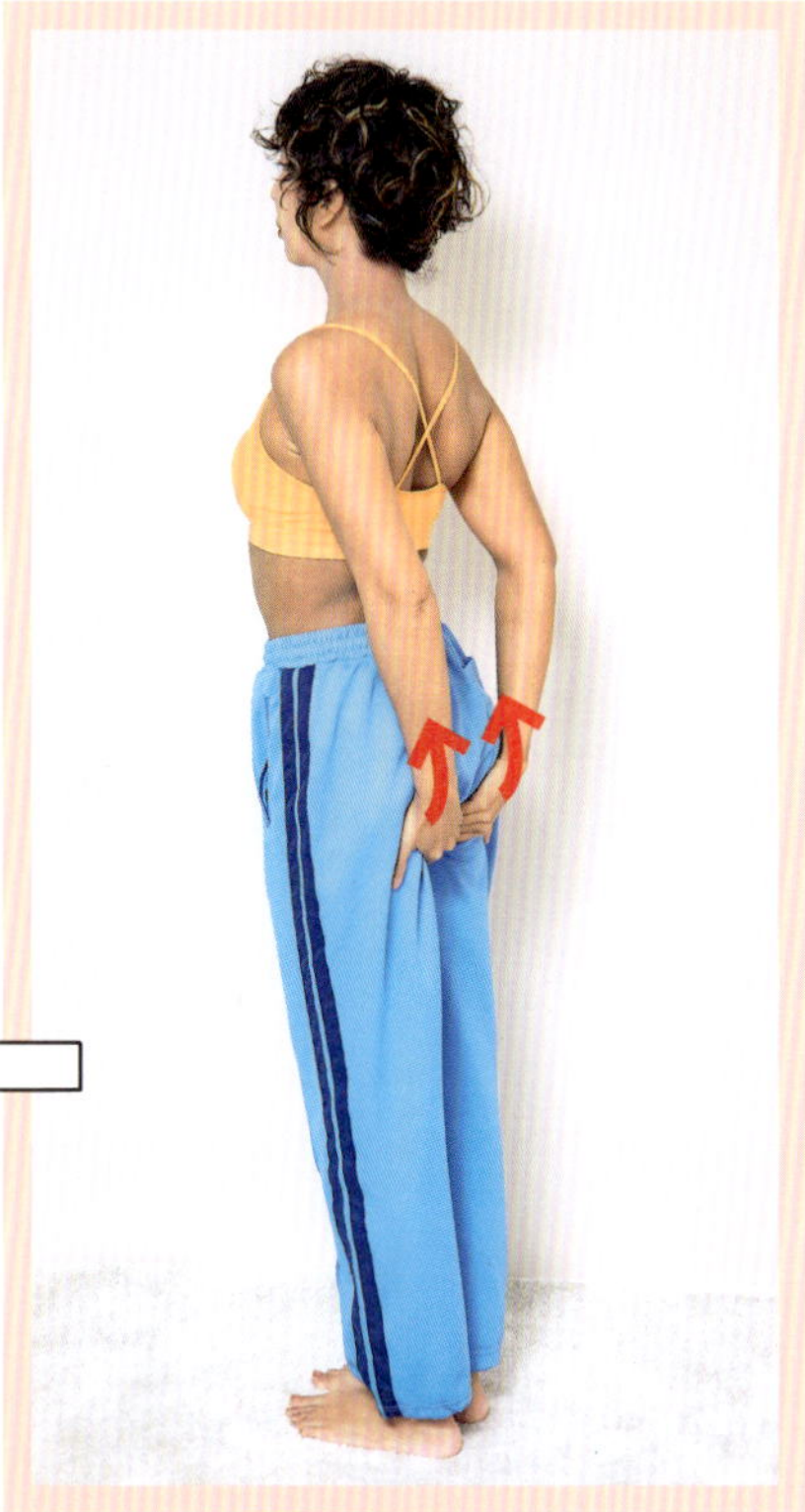

手でお尻の穴を開くようにやってみて！

2 お尻を持ったまま 足踏みする

少し前かがみになり、お尻を突き出すような体勢で足踏みしましょう。大きく脚を動かしたり、脚を振ってもGOOD。

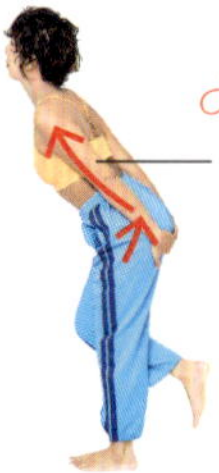

Attention!
お尻がつかみにくい人は前かがみになってもOK。

☑太ももサイズダウン　☑むくみ　☑お腹　☑骨盤　☑脚の歪み

太ももをくるっと巻いて、歪みのない美脚へ
太もも整えケア

Point
ゆるめる筋肉はココ！

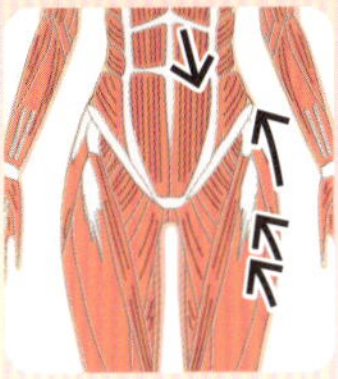

1 太ももの下に両手を差し入れる

椅子に座り、カラダの軸を傾けてお尻を浮かせ、両手を太ももの下に差し入れます。

太ももを内側に巻くようにイメージしながら行って

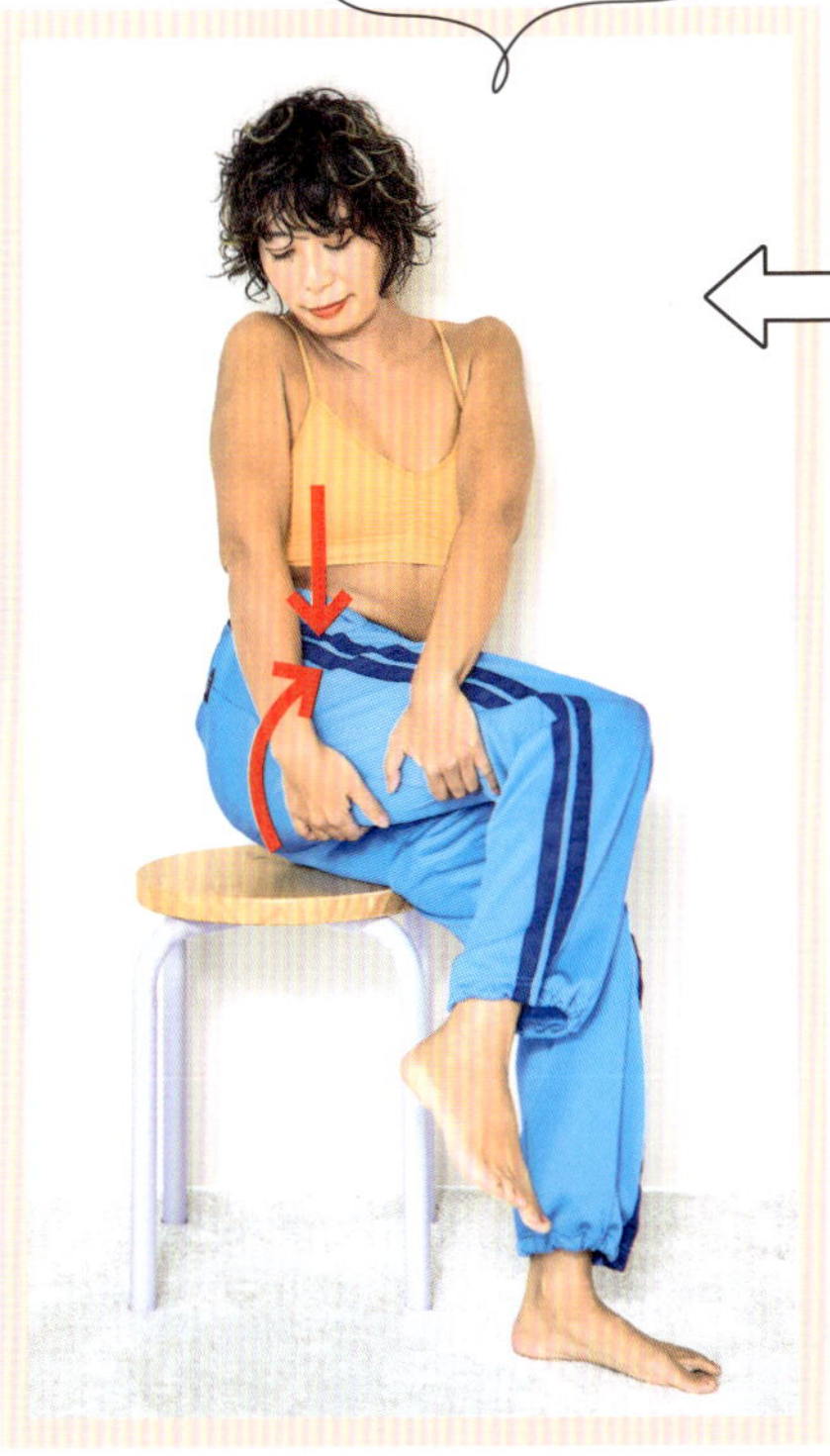

2 手前に巻き込み太ももをゆるめる

太ももの肉を両手でつかみ、手前に巻き込みます。太もも〜腰の外側の筋肉や下腹部の筋肉をじゅわ〜っとたゆませることで緊張がゆるみ、むくみや歪みを改善。

NG
太ももの前側を伸ばす。

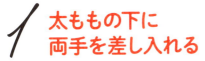

☑膝痛　☑むくみ　☑背骨　☑腰　☑ヒップ

寝っころがって膝を回し痛みや歪みをリセット

膝のねじれ戻し

Point
ゆるめる筋肉はココ！

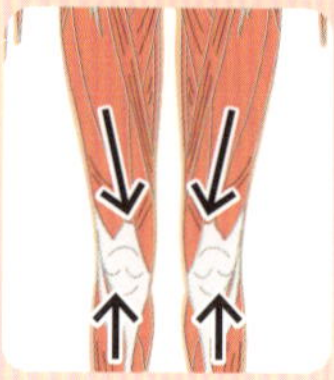

1 うつ伏せになり膝下を上げる

うつ伏せになって両脚をやや開き、膝下部分を上げます。枕やクッションを抱えて行ってもOK。

2 膝を軸にして脚を回す

膝を軸に足をぐるぐる回します。ふくらはぎと太ももの裏の筋肉がゆるむことで、膝の痛みや脚の歪みが改善。膝上のポニョ肉もスッキリ。

☑だるさ　☑むくみ　☑サイズダウン　☑アキレス腱

アキレス腱を縮めて脚の重だるさを解消！
ふくらはぎ溶かし

Point
ゆるめる筋肉はココ！

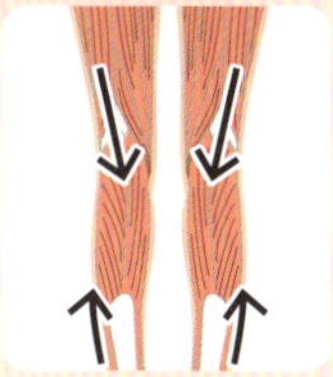

1 壁の横に立ち膝を曲げる

壁の横に立ち、壁と反対側の脚の膝を曲げます。ぐらつく場合は壁に手をついて支えても OK です。かかとを押し出します。

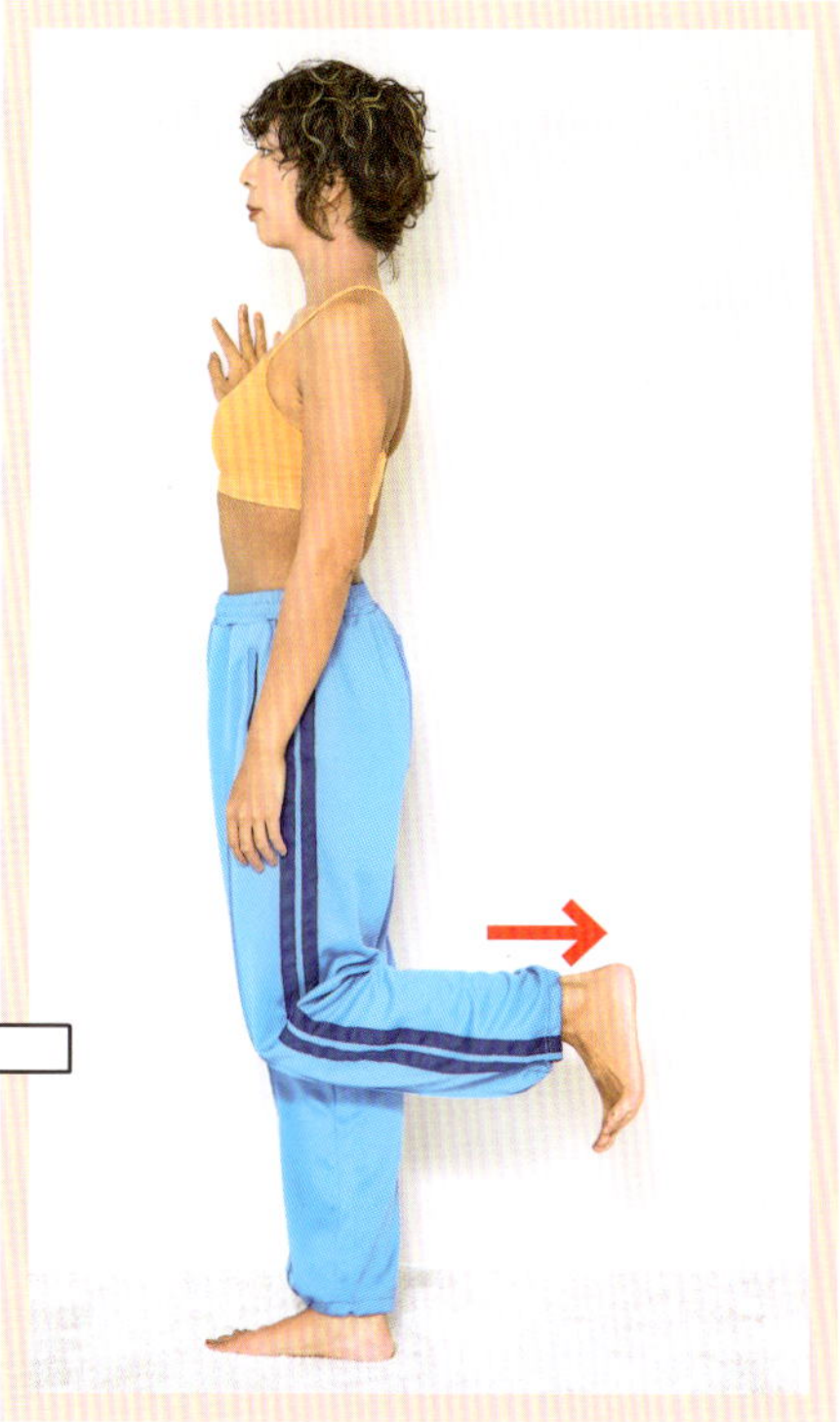

手でかかとを持って
補助しつつ、
動かしても OK！

2 かかとを動かしふくらはぎを縮める

かかとを上下に動かしてふくらはぎの筋肉を縮めます。隙間時間で行ったり、座りながらでもできるのがメリット。反対側も同様に行います。

NG
ふくらはぎの
裏側を伸ばす。

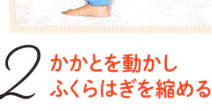

☑足首の硬さ　☑むくみ　☑だるさ　☑外反母趾　☑ふくらはぎ

足首は回さない！　押してゆるめて美脚に

足首をゆるめる

Point
ゆるめる筋肉はココ！

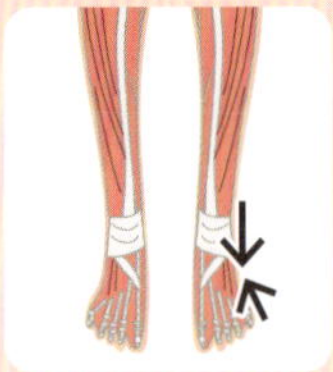

1 片手ずつで足首と足先を持つ

ラクな姿勢で座ります。片手で足首を持ち、もう片方の手で足の指の付け根からつま先を包み込むように握ります。

骨を押しながら動かすとゆるみやすい

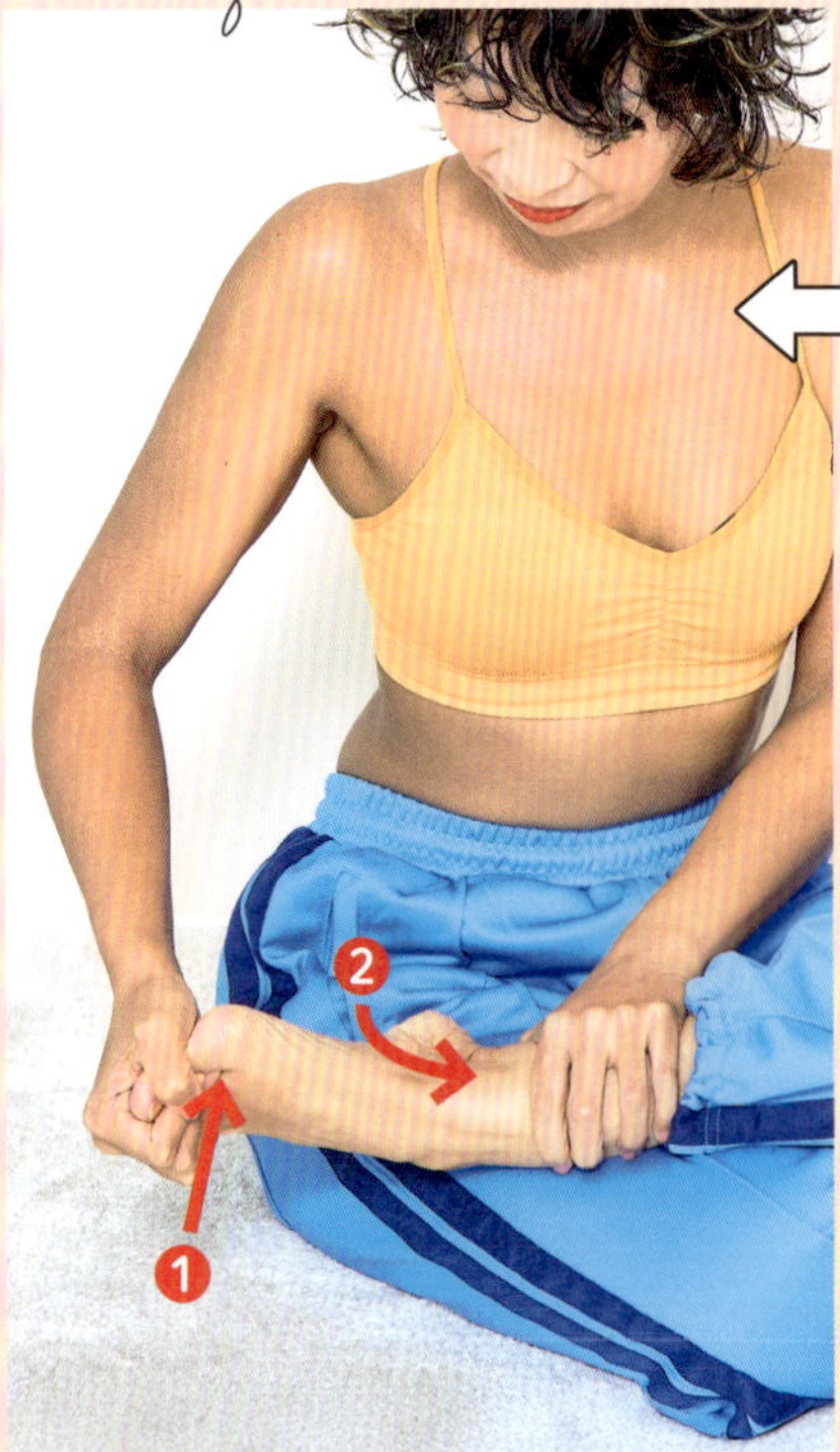

2 足首の方向に押しながら動かす

足の指を甲の方向に曲げ、足首の方向に押し込み、前後に動かします。足首は前後に動くようにつながっているので、それ以外の方向は動かさずOK。柔軟性がアップし、スッキリ美脚に！

NG
足首をぐるぐる回す。

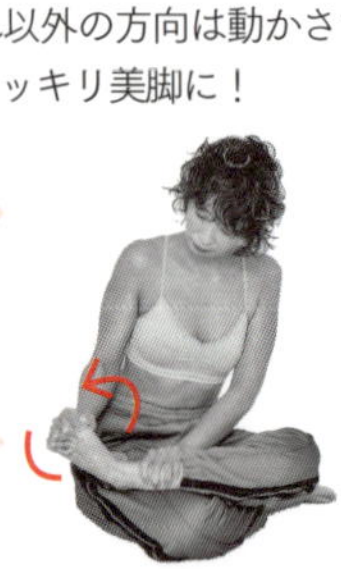

☑外反母趾　☑むくみ　☑疲れ　☑コリ

手で包んで縮めて疲れとおさらば！
手＆足のケア

Point
ゆるめる筋肉はココ！

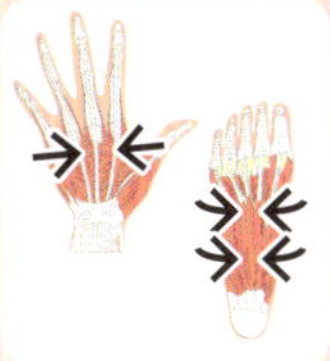

足のケア

1 足の裏に両手を差し入れる

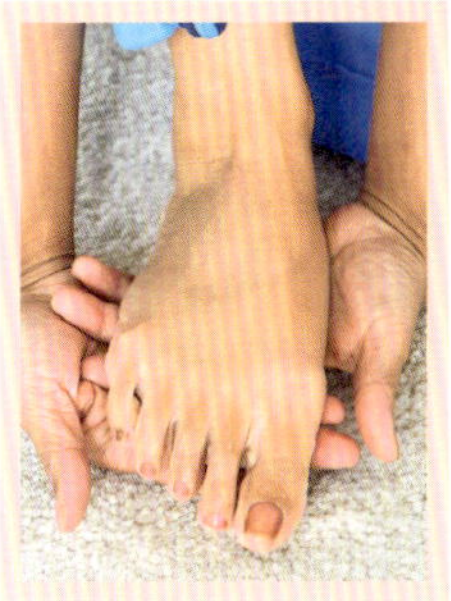

片膝を立てて座り、両手を足の裏に差し入れます。

2 両手で足を包みじゅわ〜っと縮める

両手で足を包み込み、足の指と指の間の筋肉をじゅわ〜っと縮めます。足の裏がふかふかと柔らかくなり、立ち歩きがラクになります。

NG
足の指先を反らして伸ばす。

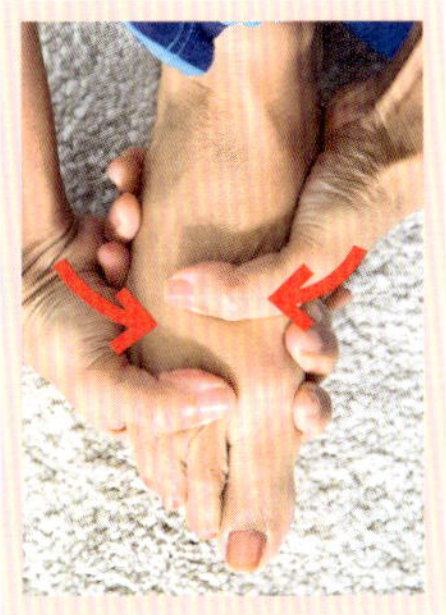

手のケア

1 手のひらを上に向け重ねる

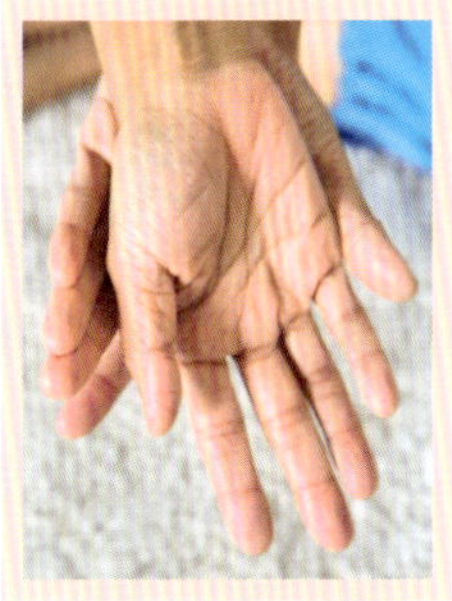

両手のひらを上に向け、上下に重ねます。

2 下の手で上の手を包み左右から縮める

下の手で上の手を包み込んで、手の中の指と指の間の筋肉を縮めます。使いすぎて疲労が溜まった手がほぐれ動かしやすくなります。

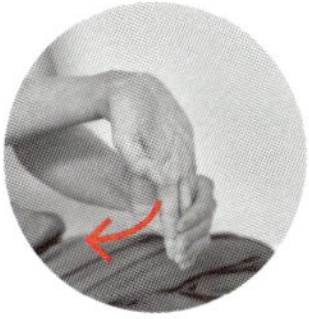

NG
手のひらを反らして伸ばす。

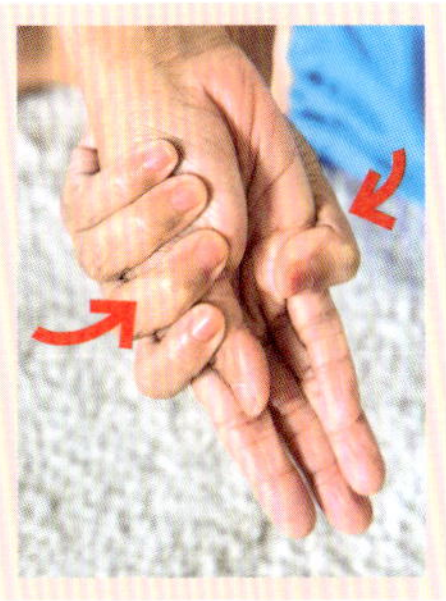

強く握る必要はナシ。指と指の間の筋肉がゆるめばOK！

☑ 顔のむくみ　☑ 小顔　☑ 絶壁

意識が顔をつくる！　手で触れてメリハリUP

ふわっと小顔ケア

顔の側面を意識して
包み込むだけで
すっきり小顔に！

両手で頬を包み意識させる

「顔の幅はここまで」と意識を向けながら頬を両手で包み込みます。顔の正面は点線の三角ゾーンだけ。手で押さえている部分はすべて顔の側面。その意識だけで小顔効果が格段にアップ。

☑花粉症　☑鼻高　☑鼻づまり　☑顔のむくみ

鼻筋を意識して触れるだけで激変！
スラリ鼻高ケア

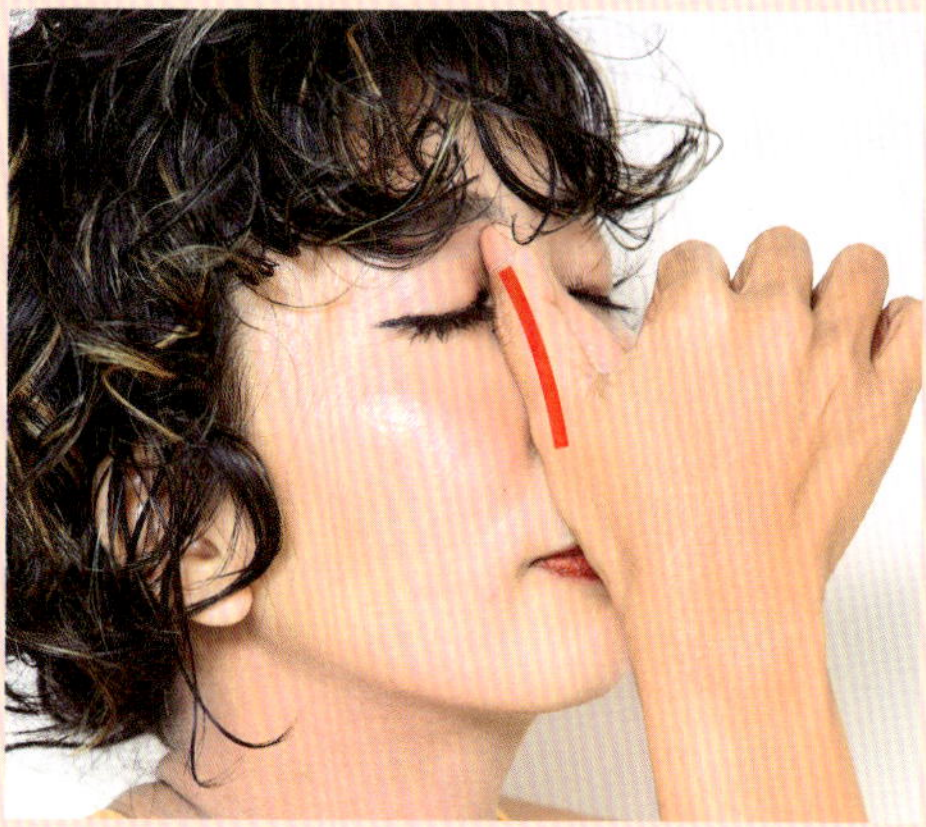

押すのではなく、
添えるだけで
OK！

親指の側面をあて鼻筋を立てる

手の親指の側面を眉頭〜鼻筋にぴったりとフィットさせます。「指が触れている部分が鼻の側面だ」と意識を向けることで、鼻がすっと立ち上がり、小鼻もスッキリ。

☑疲れ目　☑くま　☑ドライアイ　☑目パッチリ　☑頭痛

視界が広がり、目が開きやすくなる！
ポロッと疲れ目ケア

目の奥に
空間を感じると
ラクになる！

眼球を落とすように指で優しく誘導する

少し上を向き、目の奥に眼球をコロンと落とすようにイメージしながら、眉頭の下のまぶたのくぼみを指で優しく押さえます。眼精疲労やくま、ドライアイが気になるときにおすすめです。

ズボラな私でも
こんなに
変われた！

ゆるめるボディケア
体験記 *vol.4*

achi さん（仮名）の場合 | 会社員 | 50 代

心地よさを追い求めるうちに
カラダも心もふわっとラクに

Q. 今までのカラダのお悩みを教えてください。

A. 首や腰が痛くなりやすい。太ももが太い。顔のたるみ。食いしばり。カラダの左右差からくる不調や動かしづらさ、怪我のしやすさ。

Q. 悩み改善のために、どんなことにトライしましたか？

A. エクササイズやストレッチ、硬いエクササイズポールで筋肉をほぐしていました。鍼灸や整体に通うのも習慣になっていましたね。

Q. ゆるめるボディケアを行って、どのくらいで変化が体感できましたか？

A. 「え？　こんなことでいいの？」と初めは半信半疑でしたが、カラダと心がその場でラクになっていってびっくり。ただただ気持ち良いので自然と続けられて、気づけば顔の長さが短くなって、肌の調子も安定。カラダの左右差も減少し、不調を感じにくくなりました。

Before

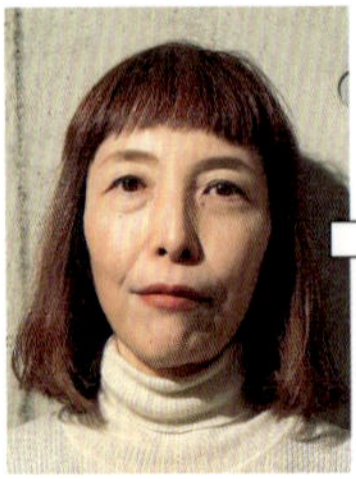

面長でたるみがち。
肌も心も不安定…

After

たるみがスッキリして
マインドもポジティブに

Lesson 5

カラダがゆるむと起こる心の動き

カラダは触れられる心

カラダは単なる物質ではなく、心の状態をそのまま映し出す存在です。

例えば、緊張すると肩が上がり、悲しいと胸が圧迫され、嬉しいとカラダが軽く感じることがあります。これらは、心の感情がそのままカラダに表れる一例です。カラダは、心の状態を正確に映し出しているともいえるでしょう。

また、カラダをゆるめることで心もほぐれていきます。優しく触れてもらったときにホッとして涙が出たり、逆に乱暴に掴まれると不安を感じたりするように、カラダへの触れ方は心に大きな影響を与えます。カラダに触れることは、まさに心に触れることと同じなのです。

一方で、心が緊張しているとカラダも硬くなり、痛みや違和感としてそのサインを送ってきます。心とカラダは密接につながっているため、心がぎゅっと固まっていると、カラダもそれに反応するように硬直し、不調をきたすこともあります。

そのため、**ボディケアを行う際、カラダにだけ意識を集中するのではなく、心がリラックスできる方法でケアをすることが重要**です。心の緊張をほぐし、リラックスした状態でケアを行うことで、カラダも本来の柔軟さを取り戻します。心とカラダが調和することで、ケアの効果も高まるのです。

心がつらいと感じることは、みんな違います。自分の心の状態に正直になり、少しでも圧を感じたら、そのケアは今の自分には合わないと判断し、手放しても大丈夫。無理に続けることはありません。自分にとって心地よい方法でケアをしていくことが、心とカラダの調和を保ち、健康や美しさを引き出す近道です。

カラダはあなたの人生のパートナー

あなたが今まで生きてきたすべての経験は、脳だけじゃなくカラダにも記憶されています。

だから、楽しかった瞬間のあのドキドキも、傷ついたときのあの苦しさも、あのとき頑張りすぎて力が入っていたことも、全部カラダは知っています。出せなかった感情は全部カラダが緊張として保管しているし、出せた感情は一緒にいちばん近くで味わってくれています。つまり、**カラダはあなたの人生をずっと見ていて、あなたの心の動きや思考を形として残してくれている存在**でもあるのです。

だから、カラダと向き合うことって、「自分の人生と向き合うこと」でもあります。

多くの人はよりキレイなカラダになりたくて、「もっと姿勢を良くしなきゃ」「もっとほぐさなきゃ」と躍起になって美と健康を追い求めがちです。でも、カラダは「何かが欠けている存在」ではなくて、「欠けて見えているところすら完璧」ってことをぜひ知っておいてください。

もちろん、カラダをより快適な状態にしていくことは大切です。でも、それは「こんなカラダじゃダメだ」という自己否定ではなくて、「もっと心地よくして過ごさせてあげよう」という、自分を大切にする意識から始めることがとても大事なんです。そうでないと、カラダを美しくすることがとても苦しいものになってしまいます。

このカラダはずっと、あなたと一緒に生きていきます。そしてこれからも、あなたの人生を見守り続けてくれます。

離れられない相棒なのだから、抵抗せず今の状態をまるっと愛してみてください！　そこからあなたの人生は大きく変わっていくはずです。

ゆるみと感情解放のつながり

カラダは、私たちが表現しきれなかった感情や飲み込んだ言葉を〝保管〟している場所のようなものです。抑え込んだ怒りや悲しみ、無理に頑張ったときの緊張など、そうした感情がカラダの奥にはしまい込まれています。

例えば、「泣きたかったのに泣けなかった」とき、喉や胸が締めつけられるような感覚が生まれたり、「怒りたかったのに怒れなかった」とき、肩や首が固まったりします。これらは感情が行き場を失い、カラダに滞った状態です。カラダに溜め込まれた感情は、ときに不調や痛みとして現れることもあります。

しかし、カラダがゆるむと、それらの感情が「もう大丈夫だよね?」と解放されようと働きかけてきます。深くリラックスした瞬間に、急に涙が出たり、寂しさが湧いたり、過去の記憶が浮かぶことがありますが、それはカラダが心の感情を覚えていて、それを解放しようとしているから。

もし**カラダをゆるめたときに感情が出てきたら、それは「もうこの感情を味わっても大丈夫だよ」というサイン**です。また抑えつける必要はありません。涙が出たら流し、怒りが湧いたら「そうだったんだ」と認め、悲しみが出たら「ここにいたんだね」と寄り添ってあげましょう。感情を感じることで、カラダに溜まっていたものが解放され、軽くなるのを感じることができます。

カラダをゆるめることは、単なるリラックスではなく、「本当の自分の感情を取り戻すこと」。今まで閉じ込めてきた想いや感情を、もう一度ちゃんと感じてあげて、カラダと心の両方を解放することが、本当の癒しにつながっていくのだと思います。

「何をするか」ではなく「どう扱っているか」

これだけボディケアの情報があふれていると、カラダの悩みを解決するためにいろいろ調べてたくさんの方法を試しても、どれも効かなくて疲弊してしまった……という体験があるかもしれません。

私は、ボディケアは「どんな方法でやるか」ではなくて、「どう意識してやるか」で効果が変わるものだと思います。

例えば、同じストレッチでも「この筋肉を伸ばさなきゃ！」と力を入れて無理にやるのと、「カラダがどんな風に伸びたがっているかな？」と内側の感覚を大切にしながらやるのとでは、感じる心地よさも、ゆるみ方もまったく違います。

同じマッサージでも、「ここが硬いからゴリゴリ押さなきゃ！」と思ってやるのと、「ここ、疲れているなぁ。どんな風に触れたら安心するかな？」って意識して触れるのとでは、カラダの受け取り方が変わってきます。カラダって、「何をされたか」よりも「どう扱われたか」を敏感に感じ取るものです。

だから、ボディケアの本質は「テクニック」じゃなくて、「自分のカラダとの向き合い方」にあるのだと思います。

無理やり変えようとすると、カラダは抵抗するし、余計に緊張してしまう。でも、「どんな風に動きたい？」「どうすれば気持ちいい？」とカラダに寄り添いながらケアすると、安心してゆるみやすくなるのです。

だからこそ、「何をするか？」よりも、「どんな意識でやるか？」を大事にケアしてください。今までとは違う反応をカラダはしてくれるはずです。

カラダは意識した方向に変わる

「カラダを変えたい」と思ったとき、ストレッチや筋トレ、マッサージなど、様々なアプローチを考えませんか？　でも、本当にカラダを変えたければ、いちばん大切なのは「意識を変えること」なのです。

例えば、「肩がガチガチ……」って思いながら肩を回すと、なんか余計に力が入る感じがしませんか？　反対に「肩はふわっと軽い」と思いながら肩を回すと、さっきより動きやすくありませんか？　これが「カラダは意識した方向に変わる」ということなのです。

私たちのカラダは、勝手に動いているわけじゃなくて、すべて意識の指令を受け取って反応しています。

「背骨がスッと伸びている」と思うだけで勝手に姿勢が整う

「内臓がふわっと浮いている」と意識するだけでお腹の圧迫感がなくなる

「呼吸が深いなぁ」と思うだけで実際に呼吸が深くなる

これらの変化はすべて、意識を変えたことでカラダの反応が変わったという証拠なのです。

だから、**カラダを変えるにはストレッチやトレーニングよりも、「どう意識するか」が大事**です。

カラダに「ここが問題だ！」と意識を向けるのか、「大丈夫、問題ないよ」と意識を向けるのか。それだけのことと思うかもしれませんが、カラダのゆるみ方は大きく変わっていきます。

脳は意識したことを現実にしようとする

「カラダを変えるなら意識を変えてみて」とお伝えしましたが、なんで意識を向けるとカラダが変わるのか不思議ですよね！　ここでは、その仕組みについて解説します。

意識を向けるだけでカラダが変わるのは、脳と神経、筋膜、自律神経の働きによるものだと言われています。

まず、脳の機能により、意識した部分の神経が活性化されます。「肩がガチガチ」と思えば脳は緊張を維持し、「ふわっと軽い〜」と意識すれば筋肉をゆるめる指令を出します。

次に、筋膜には感覚神経が多くあり、意識の影響を受けやすいのが特徴です。「ここは硬い」と思うと緊張が強まり、「柔らかい」と意識するだけで感覚が変わり、カラダがゆるみやすくなります。

また、自律神経の作用も大きく、緊張を意識すると交感神経が優位になり、より強張る状態に。一方、「リラックスしている」と意識することで副交感神経が働き、カラダがゆるみやすくなります。

さらに、手のひらに意識を向けるだけで、手が温かくなるように、意識を向けることで血流が増し、筋肉や組織の動きがスムーズになることも理由の1つです。

つまり、「カラダを変えよう」と力むのではなく、「すでに整っている」と意識するだけで、脳と神経がその状態を再現し、自然とカラダはラクになっていくのです！

ゆるむことは「自分を信じること」

「力を抜いて大丈夫」そう言われても、なんだか怖い……と感じませんか？じつは、ゆるむことに怖さを感じる方はとても多いです。それはもしかしたら今までずっと頑張ることで自分の価値を証明してきたからかもしれません。いい子でいないと愛されない。結果を出さないと認められない。人に迷惑をかけてはいけない。家族を支えないといけない。誰かの役に立たないといけない。人の期待に応えないといけない。

……こんなふうに誰かのために頑張ってきたのではないでしょうか？　そんな想いを重ねて、まるで鎧のように緊張を身にまとって生きてきたのなら、ゆるむのが怖いのは当然。だってその鎧を脱いだら、「何も残らない」ような気がしてしまうから。

しかし、本当はその逆です。あなたが鎧を脱ぐほど、本当のあなたが解放され、輝きが増していきます。

ゆるむのは、「サボること」ではなく、「自分を信じること」です。

ゆるんで深い呼吸が戻ってきて、心のスペースが広がると「なんだ。私のままでよかったんだ。」って、心の底から安心できる瞬間がきます。この安心感は人生のとても大切な土台になってくれます。

だからこそ、不安を埋めるように無理をするのではなく、少しずつゆるみながらホッとする瞬間を積み重ねていってくださいね。

ゆるみにくい人が抱える「様々な理由」

私がゆるむケアを多くの方に伝えてきた中で、ゆるみにくい方たちには共通点がありました。もし何をしてもゆるまない！　と悩んでいたら、参考になるかもしれないので、当てはまるものがあるかみてみてください。

①無意識の緊張や防御反応のため

幼少期からの環境や習慣で、常に力を入れることが当たり前になっている人は、力を抜くこと自体が困難に。例えば厳しい環境で育ち「気を抜くと危ない」と感じてきた人はカラダを守るために無意識に筋肉を固めてしまいます。

②「ゆるむ＝ダメ」という思い込みがある

社会的に「しっかりしなきゃ」という価値観をもつ人は、ゆるむことに罪悪感を感じやすい傾向にあります。「ゆるんだら怠けてしまう」「頑張らないと成果が出ない」と思い込んでいると、無意識にゆるむことを拒んでしまいます。

③交感神経が優位でリラックスできない

ストレスや焦り、過剰な情報量によって交感神経（緊張モード）が常にONになっているとリラックスするスイッチが入りにくくなります。常に忙しく動いている人ほど「何もしない時間」が落ち着かず、逆に不安になってゆるむことが苦手に感じてしまいます。

④意識が「今」にない

ゆるむためには、「今のカラダの感覚」を感じることが大切。でも、頭の中が仕事や人間関係の悩みでいっぱいだと、意識が未来や過去に向き、カラダの感覚に気づきにくくなります。思考が忙しすぎる人ほど、「心地よい感覚」をキャッチしにくく、ゆるみにくくなるのです。

ゆるみにくいと感じるときは、いきなり「力を抜こう」とするよりも、まずは自分を知ることから始めましょう。ゆるまないことに落ち込むのではなく、「だからゆるみにくいんだな。じゃあ思う存分緊張していよう」と認めてあげると、安心してゆるんでいきます。

それでもゆるめられなかったら、人や物に頼ろう！

本書を通して伝えてきたゆるめるケアを行っても、どうしてもゆるめられない！　という方はいらっしゃいます。そんなときは一人で解決しようとせず、どんどん人や物に頼ってみてください。

頼ることが苦手な人は、きっと強くて、優しくて、責任感がある人だと思います。だからこそ、誰かに甘えるよりも、自分が頑張るほうを選んできたのかもしれません。

でも本当は「できないことを人に頼る」って、弱さじゃなくて、正しい自立の仕方。ゆるんで生きるためには、できないことは助けてもらい、できることは一生懸命に取り組むことです。そうすると、自分の不得意と誰かの得意がハマって循環が生まれます。こうやってみんなで補い合っていれば、1人で無理して生きていかなくちゃ！ と緊張しないでよくなります。

ボディケアを行うのが難しかったら、ラクな姿勢を簡単にサポートできるグッズを使うのもおすすめです。私は、カラダをラクにゆるめて循環を良くするために空気を抜いたゴムボールを使っています。

ボールの空気圧を体の部位に合わせて調整し、カチコチの部位にボールを当てると、筋膜がゆるんで隙間が生まれます。すると組織液が巡り、筋肉と骨格を元の状態に戻すサポートをしてくれるんです！

ただボールに身を預けるだけなので、難しいことは一切ありません。ボールがなければクッションや厚手のタオルなどでも代用できます。とにかくラクなほうへ、ラクなほうへと自分を導いてあげてください。

ズボラな私でも
こんなに
変われた！

ゆるめるボディケア体験記 vol.5

Mさん（仮名）の場合 | 学生 | 20代

思考のクセや言動が変わり 人生が豊かになりました

Q. 今までのカラダのお悩みを教えてください。

A. ひどい肩コリ。足のむくみ。慢性的な疲労感。

Q. 悩み改善のために、どんなことにトライしましたか？

A. フォームローラーでほぐしたり、リンパマッサージをしたり。ジムやエステにも通っていましたが楽しく続けることができず……。

Q. ゆるめるボディケアを行って、どのくらいで変化が体感できましたか？

A. 顔の輪郭や表情は、半年も経たないうちに変化が。周りからも褒められるようになり、「ゆるめるだけなのに」と驚きました。その場で終わりではなく、カラダのフォルムや思考のクセなど、「ここも？」というところまで後からじわじわ変化が表れるのも楽しいです。

Before

全体的にフォルムがぽっちゃり

After

カラダにメリハリが出現！

Lesson 6

どうしても
ゆるめられない人は
ボールでケア

私がボールを選んだ理由

ここまでご紹介してきたボディケアはどれも簡単なものですが、それすらもやりたくないと感じるほど疲れていたり、「なんにもしたくない！」という気分のときもありますよね。そんな方におすすめなのが、ボールを使ったケアです。

ボールケアは、カラダをのせるだけでできるので、運動が苦手な方でも、めんどくさがり屋さんでも簡単にできちゃいます。

空気を抜いた柔らかいボールで、カラダをゆるませることで組織液の巡りがよくなるので、筋肉のコリや骨格の歪みが改善します。**押したり揉んだりしないので痛みもなく、寝転んでいるだけでもセルフケアが可能**です。ボールは市販のヨガボールなどでＯＫ！　ですが、できればいくつか実際に触って「心地よい」フィット感のものを選んでください。もし迷ってしまったら、私が開発したアミカル®ボールもありますので、参考にしてみてください。

ボールケアは気になる部位に当てる

ボールケアにルールはありません！　**基本的にはカラダのどこに当てても、どのように使ってもOK**です。腰や肩など強張りを感じる部分に当てて寝転ぶだけでも筋膜がゆるみ、組織液がじゅわ〜っと流れて、だんだんカラダが柔らかくなっていくのを感じられるはずです。

1回のケアに必要な時間にも特に決まりはないので、組織液が流れるのを感じながら、気持ちよくなるまで好きなだけ行ってみてください。枕にして寝てしまっても大丈夫ですよ。

ボールケアで1点気をつけてほしいのは、自分のカラダの状態に合わせてボールの空気圧を変えて行うことです。そうすると、よりカラダへのフィット感が高まり、心地よくゆるめることができます。左の空気圧を目安に、自分が「心地よい♡」と感じるかどうかを基準として、ボールの空気圧を調整してくださいね。最後にボールを使った効果的なケアをご紹介して、終わりとさせていただきます。頑張りすぎのカラダをゆっくり休め、力が抜ける心地よさを体感してみてください！

ボールに入れる空気はカラダの部位に合わせて変えよう！

首・顔周り

［空気の量］約10％

入れる空気は10％くらいの極少量でOK！

肩・肋骨・腰など

［空気の量］約40％

上半身に使うときは40％くらいで調整してみて。

腹筋・太ももなど

［空気の量］約80％

下半身に使うときはしっかりめの80％くらいにすると楽チンなはず。

☑むくみ　☑小顔　☑食いしばり　☑首コリ　☑肩コリ

ボールを挟んで寝るだけで
顔がスッキリ！

Point
ココに置く！

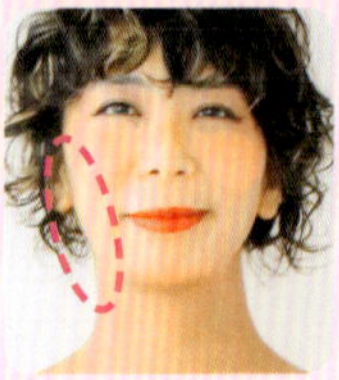

ボールに耳周りを
包んでもらう
イメージで♡

アゴの下にボールを挟んで寝る

［空気の量］
約10％

横向きに寝て、アゴの下にボールを入れてリラックス。口が開いてしまってもよいので、考えごとを手放し、組織液がじゅわ〜っと流れるのをイメージしながら脱力しましょう。

☑コリ ☑ストレートネック ☑頭痛 ☑首のシワ ☑絶壁

首の下にボールをフィットさせて 頭の重みを解放！

Point
ココに置く！

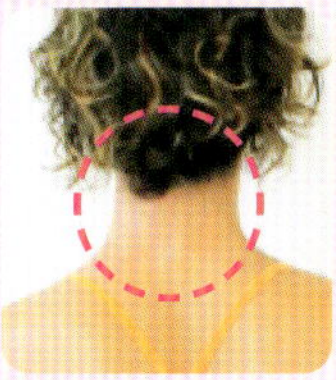

寝ている間に
ストレートネックや
首のシワを改善！

首の付け根に入れて寝る

首の付け根あたりにボールを入れて仰向けになります。アゴを引かず、脱力してぼ〜っとしましょう。後頭部から首にかけてのアーチがゆるみ、首コリや頭の重みがスッキリ！

［空気の量］
約10%

☑巻き肩　☑肩コリ　☑腕のだるさ　☑バスト

ボールを下に置くだけで 肩と腕が軽くなる

Point
ココに置く！

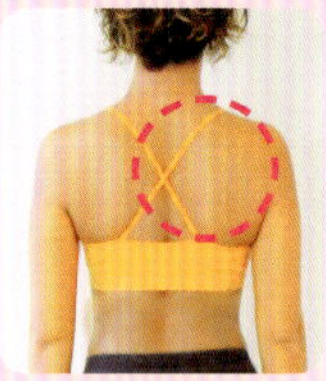

組織液がじゅわ〜っと
流れるのを
感じてみて♡

肩の外側に ボールを置いて寝る

［空気の量］
約80％

肩の外側下にボールを置いて仰向けに寝て、腕はお腹の上で軽く組みます。じゅわ〜っと組織液が流れてコリがゆるみ、肩コリや腕のだる重さがラクに。勝手にバストもアップ！

☑腰痛 ☑骨盤矯正 ☑むくみ ☑ヒップアップ

カチコチのお腹がゆるんで 腰痛とサヨナラ！

Point
ココに置く！

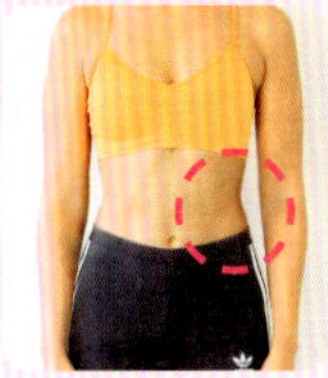

歪んだ背骨も
まっすぐに整うから
続けるほど腰がラクに

くびれの横にボールを入れ横向きに寝る

［空気の量］
約40％

マットやベッドの上で横になり、肋骨と骨盤の間のくびれ部分下にボールを入れます。ボールの心地よい圧でカチコチになって突っ張っていたお腹の筋膜がほぐれて腰がラクになります。

☑腰痛 ☑お尻のたるみ ☑婦人科系不調 ☑ヒップアップ ☑脚やせ

太ももと骨盤の間に置いて寝るだけ！

ヒップアップ

Point
ココに置く！

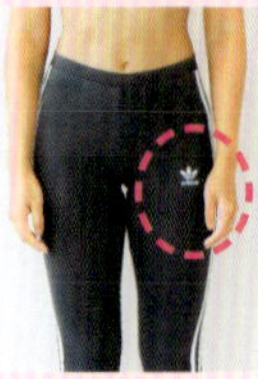

お尻の硬さは
骨盤の歪みに直結！
婦人科系の不調にも◎

骨盤の出っ張った部分にボールを入れて寝る

［空気の量］
約40％

横向きに寝転がり、太ももと骨盤の間の骨が出っ張っている部分の下にボールを入れます。ボールがカチカチの骨盤まわりの筋肉をゆるませるので赤ちゃんのようなお尻に。腰痛やお尻のたるみ、婦人科系の不調ケアにも効果的。

☑むくみ ☑だるさ ☑美脚 ☑骨盤

ボールで腰の出っ張りを戻せば寝てるだけで 脚がスッキリ

Point
ココに置く！

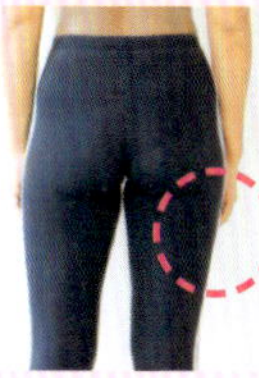

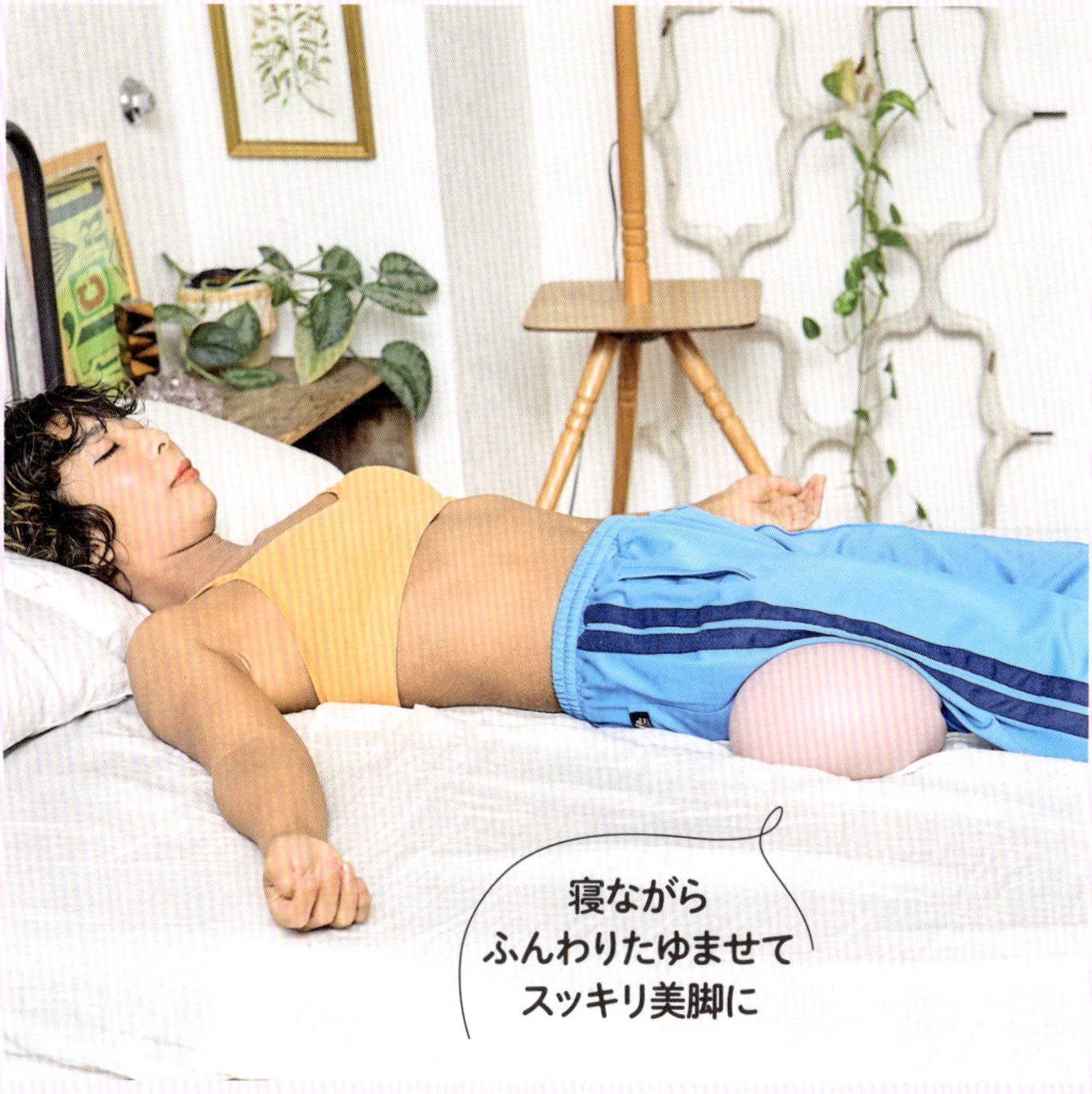

寝ながら
ふんわりたゆませて
スッキリ美脚に

太ももの外側に ボールをかませて寝る

太ももの外側にボールをかませて寝ます。ボールが外に引っぱられている太ももの筋肉をゆるませるので、歪んで広がった骨格が整い、すらっとした美脚に。

［空気の量］
約80%

Epilogue

この本をここまで読んでいただき、本当にありがとうございます！

私は昔、何をやっても効果が出ないボディケア難民でした。どんなボディケアをしても、私だけ効果を感じられず、ずっとモヤモヤしていました。

そんな日々の中、ボディケアで失敗し、自分を責め、苦しむのはもう嫌だ！　と思い、自分の頑固なカラダの謎を解こうと研究をし始めました。最初に取り組んだのは、当たり前とされている常識より、私の直感を信じることでした。やってはいけないと思い込んでいたり、ダメだと言われていたりする姿勢や運動でも、やりたいものがあれば、ひとまずやってみたのです。

そうしていくうちに、正しいことをしなければというストレスがなくなり、カラダの力が抜け、ボディケア自体が楽しくなりました。結果、何をしても痩せなかった私の体重が食事制限や我慢をせずに20kgも落ち、アトピーが治り、私のカラダの悩みはどんどん解消されていったのです！　この経験でわかったことは、**誰かが決めた正しさに従うよりも自分の感覚を優先することの大切さ**でした。もちろん正しいことがすべてダメなのではありません。ただ自分のカラダのことなのに、人の言うことばかりを鵜呑みにして頭でっかちになり、自分のカラダが無理をしているかは考えない。そんなやり方が自分のカラダと本当の意味で向き合うことを妨げていたのだと思います。

世の中にはさまざまなボディケアがあり、ある人はこれが良いと言うし、ある人はダメだと言う。情報に振り回されてしまう人も少なくないと思います。そんなときは、本書で書いてきたように「私の心やカラダがホッとしているか」「無理を感じていないか」「その情報は自分に合っているのか」を毎回確認してください。そうすればあなたの頑張りがムダになることはありません。カラダがキレイになることとラクすることとは共存できます。あなたの心地よいと感じる直感が正しいのです。カラダの感覚を信じてください！

最後になりましたが、本を出す機会を与えてくれた長田さん、いつも応援してくれているフォロワーのみなさん、どんなときも味方でいてくれた会社のみんな。本が出せたのはみなさんのお陰です。とても感謝しています！

2025年3月吉日　篠崎アミ

篠崎アミ（シノザキ　アミ）
ボディセラピスト。美容整体サロンamical®を全国に5店舗展開。オンラインスクール「カラダの学校」主宰。何をしても良くならなかった自身のアトピーが、カラダをゆるめるだけで劇的に変化することを体感し、カラダの緊張とは何なのか、自身のカラダを実験台にして探求を始める。探求し実践していくうちにダイエットせずに体重が−20kgになり、アトピーも完治。その経験を踏まえ、身体の機能を改善するには「我慢・忍耐」ではなく「気持ちよさ・安心」が重要なことに気づき、情報を発信している。
Instagram：https://www.instagram.com/amical_bodycare/
公式HP：https://amical-bodycare.com

カラダ&顔《かお》の悩《なや》みを解消《かいしょう》する
じゅわ〜っとゆるめるボディケア

2025年4月7日　初版発行

著者／篠崎《しのざき》 アミ

発行者／山下 直久

発行／株式会社KADOKAWA
〒102-8177 東京都千代田区富士見2-13-3
電話　0570-002-301(ナビダイヤル)

印刷所／TOPPANクロレ株式会社

製本所／TOPPANクロレ株式会社

●お問い合わせ
https://www.kadokawa.co.jp/（「お問い合わせ」へお進みください）
※内容によっては、お答えできない場合があります。
※サポートは日本国内のみとさせていただきます。
※Japanese text only

定価はカバーに表示してあります。

ISBN 978-4-04-607292-4　C0077